北条五代、奇跡の100年

民と歩んだ戦国の夢

松沢成文

ワニブックス
PLUS新書

はじめに

北条五代の家紋

右・三つ鱗紋（北条家定紋・二代氏綱以降に使用）
左・対《むか》い蝶紋（北条家替紋・初代早雲が使用した伊勢家家紋）

語られざる関東の雄――北条五代

　戦国時代というと、日本の歴史においては100年以上にもわたり、ひたすら戦いに明け暮れた激動と混乱の時代というのが一般のイメージだろう。実際、いわゆる戦国大名が各地に割拠し、戦乱が続いたのは史実として明らかだが、そこには武力の戦いだけではなく、領国統治の改革や地域経済活性化という点でも群雄が競い合い、日本全体の成長を促した活力あるダイナミックな時代という側面もあった。

　たとえば、古代からの律令制と荘園制という中央集権的な二重構造から、のちの江戸幕藩体制に通じる地方・地域ごとの分権の進展、法と裁判制度の確立、官僚制度や文書主義、天皇家や将軍家をはじめとする〝家《いえ》意識〟が全国にまで広まったのもこの時期である。加えて、大規模な新田開発と検地による地方財政の自立と充実も戦国時代を始まりとしている。その点で戦国時代とは、400年に及ぶ中世が終わり、続く近世・近代への幕開けにつながる重要な時代でもあったのだ。

　そうした時代に活躍した戦国武将といえば、どんな顔ぶれを思い浮かべるだろうか。

　好き嫌いは別として、織田信長、豊臣秀吉、徳川家康の三巨頭は、日本人なら知らない人はいないだろう。

戦国末期、尾張の織田信長が「天下布武」を掲げて畿内を平定するが、志半ばで家臣の明智光秀に討たれる。それを継いだ豊臣秀吉が天下統一をほぼ実現するが、秀吉亡き後の豊臣家は徳川家康に天下人の地位を乗っ取られ、江戸幕府が開幕して戦国時代は終わる。この激動の歴史は誰が見てもドラスティックであり、歴史好きのみならず多くの日本人を魅了するドラマといっても過言ではない。

この時代は、他にも「甲斐の虎」武田信玄、「越後の龍」上杉謙信、さらには中国地方の毛利元就、東北地方における伊達政宗など、それぞれの地方で活躍した戦国武将がいる。彼らは実力のみならず、知名度や人気も高く、NHKの大河ドラマや歴史小説にも度々登場してくるので、皆さんにもお馴染みだろう。

そんななかで、実力は充分ながら今ひとつ派手さがないために、なかなか注目されない戦国大名――それが関東の雄「北条氏」だ。

北条氏とは、しばしば〝北条五代〟とも呼ばれるように、初代北条早雲（１４５６〜１５１９）、二代氏綱（１４８７〜１５４１）、三代氏康（１５１５〜１５７１）、四代氏政（１５３８〜１５９０）、五代氏直（１５６２〜１５９１）のおよそ１００年にわたって、現在の関東地方の大部分を治めた一族のこと。

その歩みを駆け足で追えば、伊豆と相模を足掛かりに戦国大名の先駆けとなり、その後は武蔵、下総、上野と領国を拡大して、関東の覇者となる。そこに至る過程では、関東公《く》方《ぼう》と関東管領《かんれい》による室町幕府の旧体制を打破し、上杉謙信や武田信玄の関東侵略を退け、徳川家康と同盟する。しかし、最後には天下統一を目指す豊臣秀吉に敗れ滅亡する。各時代に各地域で戦国の実力者たちと堂々と渡り合う一方で、先進的な領国経営を確立し、関東に「万民哀憐《あいれん》」の理想の国を創るという理念と志を掲げた類稀な戦国大名。それこそが、本書で取り上げる北条氏なのだ。

そうした北条氏の真の実力、他の戦国大名にはないユニークな面については、順次紹介していくが、たとえばそのひとつとして、北条五代の親子・親族そして家臣のチームワーク、結束力の高さをあげることができる。

戦国時代は、目の前の敵を倒すことが第一の実力勝負の時代。一族のなかでも、下克上、謀反、内乱が絶えなかった。事実、先にあげた織田氏にせよ、武田氏や上杉氏にせよ、内乱によって滅亡したり、衰亡につながる混乱へ陥っている。

そんな乱世のなかで、北条氏は五代１００年にわたり、内乱がまったく起こらず、一族と家臣の役割分担・連携協力が見事に確立されていた。これはまさに〝奇跡〟というべきで、他の戦国大名にはない高い統治能力を発揮していたからにほかならない。

しかし一方で戦国という枠組みにあっては、たとえ内紛といえども派手な戦いごとがないと、どうしても地味な印象になる。その点、こうした北条氏の堅実で、無用な争いのない政権運営は、数ある戦国ドラマのなかで目立たない原因になっているように思う。

私は、神奈川県で活動する政治家として、この数年にわたり、かつて郷土の統治者であった北条氏に大きな関心を持ち、でき得る限りの情報を集め、勉強をしてきた。

戦国を生きた大名一族として、武威と実力は近隣の武田氏、上杉氏、今川氏などにまさるとも劣らず、そのうえで土台となる領国経営における他を寄せ付けない数々の先進性は、もっと高く評価されてしかるべきである。にもかかわらず、人気と知名度では、織田氏や武田氏、上杉氏、さらには伊達氏や毛利氏の後塵を拝することの多い北条氏に、今新たなスポットライトを当てるきっかけになれば……そんな想いが、私をして本書の執筆に駆り立てたといっていい。

それによって、五代にわたり継続してつくり上げた改革理念と統治実績を、より多くの県民、国民の皆さんにお伝えしようというのがこの本の目的である。

では、戦国時代100年を生き抜いた北条五代の〝奇跡〟に満ちた物語を始めよう。その前にまず、北条氏登場以前の関東の状況をおおまかに見てみたい。

戦国時代は関東で幕を開けた

いわゆる「戦国時代」とは、いつ、どのように始まったのか。これについては、歴史家や学者の間にもいまださまざまな議論があるようだ。一般には「応仁・文明の乱」(1467~1477)の後に各地で起こった乱世の様相を、一条兼良《かねよし》や近衛尚通《ひさみち》ら京の公家たちが中国古代の戦国時代になぞらえ、嘆いたことによるとされる。

南北朝の動乱を収めた三代将軍足利義満が確立した室町幕府は、斯波《しば》・細川・畠山といった有力大名を管領などの要職に任命して政務に当たらせていた。しかし、各地に散らばる守護大名の力が強まると、それを統制できなくなった幕府は年とともに弱体化していく。

そんななか、応仁元年(1467)に八代将軍の足利義政の後継ぎをめぐって、弟の義視と子の義尚との間に争いが起こる。この家督争いに、当時、幕府の実権を握っていた有力守護大名の細川氏と山名氏が介入し、さらに諸大名を巻き込んだ争いに発展。世にいう応仁・文明の乱が勃発する。

11年に及ぶ戦乱で、京都は焼け野原となり、さらに戦火は地方へ飛び火して、京都にいた守護大名の多くは領国へと下っていく。ところが、そんな彼らを待ち受けていたのは領国での一揆や反乱だった。守護大名が京都で激しく争っていた間に、守護代（守護大名の留守を預かる代官）や有力国衆（地方在住の有力武士）が力をつけ、彼らのなかには実力で守護大名にとって代わろうとする者が出てきたのである。

各地で戦乱が起こると、幕府の力はますます弱まり、その統制から離れ独自に領地を治めようとする「戦国大名」が登場する。彼らはもともと守護大名だった場合もあるが、守護代や国衆が戦国大名化した例も少なくない。たとえば、武田氏は守護大名から、織田氏は守護代から、徳川氏は国衆から戦国大名になっている。

そして――伊豆では駿河（静岡県中部）の守護大名である今川氏に仕える一介の部将に過ぎなかった北条早雲が、堀越《ほりごえ》公方を滅ぼして戦国大名にのし上がった。下の者が上の者を討って、その地位を奪う。まさに下克上の典型である。

戦国大名は、領地拡大や経済基盤の確立などを目的として戦を重ねていく。国ごとの実力が何よりものをいう時代にあって、これを支える家臣や領民の支持を得ることは必須であり、そのためには新たな領土を得て、家臣や領民に知行地や恩賞を与えなければならない。

彼らはライバルの戦国大名に勝ち抜くべく、軍隊を育成し堅固な城を築いた。そして、戦闘のみではなく、同盟や調略（内応や謀反を誘うこと）などの外交戦略も駆使して領国の拡大と支配を図った。一方で、屈服させた国衆や地侍たちを積極的に家臣団に組み込み、彼らを有力な家臣たちに預けることで強固な軍事組織をつくり上げていく。

と同時に、戦国大名たちは内政にもおおいに力を入れた。新たに征服した領地で検知を実施し、農民に対する直接支配を強化するほか、領国や家臣団の支配のため「分国法」という独自の家法や領国統治の法律を定める者もいた。また、治水・灌漑工事や耕地の拡大を行ったり、城下町を築いたり、市場を開いて商工業の発展を図っていった。こうして戦国大名は領国経営を確立していったが、そのような改革の先駆者となったのが、まさに早雲を祖とする北条五代なのである。

北条早雲の登場

そもそも戦国時代というのは、先にあげたように明確に「何年から」という区切りがあるわけではない。とりわけ東北や関東など権力の中心から遠い地域では、早い時期から戦乱の兆しが芽生えていたようだ。実際、本書のおもな舞台となる関東の戦国時代の幕明けは、応仁・文明の乱より10年以上も前に起こった「享徳《きょうとく》の乱」にあるとされている。

この戦乱は、第五代鎌倉公方（初代古河《こが》公方）の足利成氏が、部下である関東管領の上杉憲忠を暗殺した事件に端を発した内乱で、室町幕府、鎌倉公方、山内・扇谷《おうぎがやつ》の両上杉家が実に28年にわたって争い、関東地方一円に拡大していった。ちなみに鎌倉公方と関東管領というのは、いずれも関東における幕府の統治機関・鎌倉府を束ねる立場であり、京都の室町幕府における将軍と管領に相当する立場である。

さて、このようにして始まった関東戦国時代の初期の戦乱には、以下の三つの局面がある。

ひとつめは、足利幕府の衰退の影響を受けた古河公方と関東管領上杉家の争い。
ふたつめは、その関東管領を代々受け継ぐ山内上杉家と扇谷上杉家との同族同士の争い。
そしてもうひとつが、その大乱の隙に登場した下克上の風雲児・北条早雲の侵略である。

さらに視野を広げれば、越後（新潟県）における守護大名上杉家と守護代の長尾家との争い、そして伊豆・相模へ侵攻した北条早雲を支援する駿河の今川家の思惑など、関東の周囲から迫る諸勢力の動きも絡んでいた。

関東では、こうして戦国の乱世が公方家、ふたつの管領家、さらに新興勢力も入り乱れて、全国に先駆けて始まっていたのである。

そもそも〝関東〟は、室町時代は足利将軍の東の統括地としての重要な地域であった。鎌倉幕府を開いた武家の棟梁である源頼朝、そして室町幕府の祖である足利尊氏の地元であり、政治の中心である京都から見ても特別の場所である。具体的には鎌倉公方とその後継である古河公方の周辺に位置する、上野《こうずけ》（群馬県）、下野《しもつけ》（栃木県）、常陸《ひたち》（茨城県）、上総《かずさ》、下総《しもうさ》、安房《あわ》（千葉県）、武蔵（東京都と埼玉県、神奈川県の北東部）、相模《さがみ》（神奈川県）の箱根以東の坂東8カ国に、甲斐（山梨県）と伊豆（静岡県の伊豆半島）の2カ国を加えた広大な地域である。

これらの地域は京都からあまりにも離れていて直接統治が難しかったため、幕府では早い時期から鎌倉府に鎌倉公方と関東管領を設置。これを通じて遠隔支配を図ろうとしたが、将軍家と同族の公方家の間の軋轢や、公方家と幕府側に近い管領家の対立によって制御不能となり、幕府の弱体化と内紛の影響もあって大混乱に陥ってしまう。それが、関東戦国時代勃発の要因であった。

家臣が大名を裏切り、さらには公方家に楯突き、管領家も分裂。しかも、ある時には利害が一致して同盟を組んだり、またある時には敵対して争ったり、離合集散を繰り返す。このように、公方家、管領家、守護大名という室町幕府の旧体制派が争い合うなかで、その秩序や既得権益を打破し、新しい秩序のもとに領国経営を目指す新興勢力が台頭してくる。それが戦国大名、とりわけ関東における北条氏の進出なのである。

戦国大名のトップを切った北条早雲の登場と、これに続く北条氏五代の継承によって関東戦国時代はいよいよ佳境を迎えていく。ここから先は、戦国大名北条氏の活躍と領国づくりの夢と挫折をつぶさに追っていくこととしたい。

第5章 五代 北条氏直

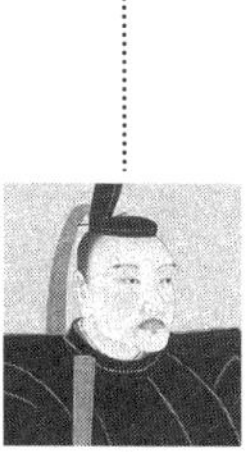

終章　北条五代、その夢と挫折

※肖像画所蔵／早雲寺（神奈川県足柄下郡箱根町）　画像提供／箱根町立郷土資料館

北条家一族略系図

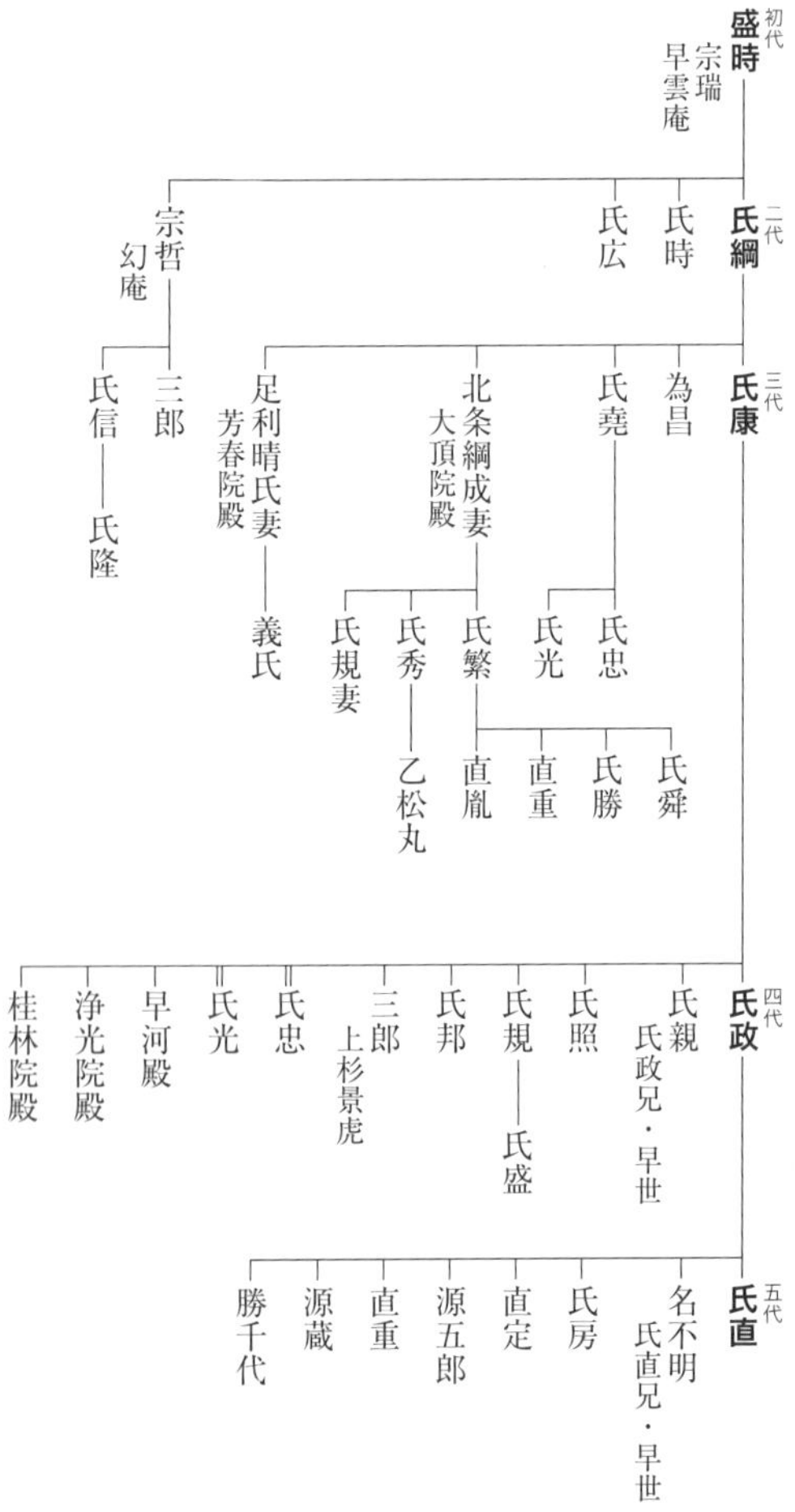
初代
盛時
早雲庵宗瑞
二代
氏綱
氏時
氏広
宗哲
幻庵
三代
氏康
為昌
氏尭
北条綱成妻
大頂院殿
足利晴氏妻
芳春院殿
三郎
氏信
氏隆
氏忠
氏光
氏繁
氏秀
氏規妻
義氏
氏舜
氏勝
直重
直胤
乙松丸
四代
氏政
氏親
氏政兄・早世
氏照
氏規
氏盛
氏邦
三郎
上杉景虎
氏忠
氏光
早河殿
浄光院殿
桂林院殿
五代
氏直
名不明
氏直兄・早世
氏房
直定
源五郎
直重
源蔵
勝千代

第1章

初代　北条早雲

五代の礎を築いた偉大なパイオニア

西から来た風雲児

皆さんも北条早雲という戦国武将の名前は、本で読んだり、何かで見たり聞いたりしてご存じだろう。しかし、どんな武将だったのか、どんなことをしたのか、を詳しく知る人は多くないのではないだろうか。

戦国時代に多少とも興味がある人にたずねると「一介の素浪人から戦国大名になった下克上の元祖」とか「戦国時代の幕を開けた武将」というイメージを持っている人も多いが、近年ではそんな漠然とした早雲像を補完する研究が進み、その出自や実績についても明らかになりつつある。

その北条早雲は、伊豆を平定し、小田原城を奪い、相模を統一するという偉業を達成するのだが、実は「北条」という名字を使用したことは一度もない。

北条の名字は、相模や関東とゆかりの深い鎌倉時代の執権《しっけん》北条氏（得宗《とくそう》）の権威を受け継ごうと、二代の北条氏綱からこれを称するようになったものだ。したがって、北条早雲の時代は出自である「伊勢」の名字を称していたのである。また「早雲」という名にしても「早雲庵宗瑞《そうずい》」との法名や、北条家の菩提寺が箱根湯本の「早雲寺」であることから、後世になって採用された呼称だと考えられる。

北条早雲の父は、備中荏原荘（現在の岡山県井原市）３００貫を領した高越山《たかこしやま》城主の伊勢備中守盛定といい、母は室町幕府の政所《まんどころ》執事を務めた伊勢貞国の娘であった。

政所執事というのは、幕府の金銭出納、すなわち徴税の責任者という立場で、今でいうと国税庁の長官といったところであろうか。ただし、単に徴税を管理するだけでなく、お金の貸し借りの民事訴訟の仲裁・判断なども行ったので、かなりの権力を握っていた。

つまり、早雲はかつてイメージされてきた一介の素浪人などではない。それどころか、室町幕府の政所執事を務めた名門で各地に散らばった京都伊勢氏の一族だったのである。

早雲はこの伊勢盛定の子「伊勢盛時」として、康正２年（１４５６）に、備中荏原荘で誕生した。通称は伊勢新九郎で、出家してからは伊勢宗瑞という法名もある。

本来、歴史上の人物の名は当時の名字と実名（あるいは法名）を併せて記すことが多いが、途中、改名がくり返されることによる混乱を避けるために、本書では広く知られている北条早雲という通称を最初から使っていくこととする。

伊勢盛定には長男の伊勢貞興がおり、早雲は次男で、他にも伊勢弥次郎や姉である北川殿の４人の子がいた。しかし、長男の貞興の動向についてはほとんど伝えられておらず、早くから次男であった早雲が嫡男の立場にあったようだ。

さて前述のように、京都では応仁元年（１４６７）に応仁・文明の乱が勃発する。これに際して、当時の駿河守護であった今川義忠は将軍を警護するため、１０００騎を率いて上洛。京の室町通にあった「花の御所」に入ると、細川勝元が率いる東軍に属した。この時、今川義忠は伊勢貞国の子である貞親の屋敷をしばしば訪れている。早雲の母は、伊勢貞親の妹だったので、この頃に八代将軍義政の申次衆（将軍に諸事を取り次ぐ官職）を務めていた父の盛定も今川義忠と親しくなったようだ。

その縁で、早雲の姉である北川殿が今川義忠の正室として嫁ぐことになる。早雲が11歳の頃であり、今川家に嫁した北川殿は、駿河の駿府館にて長女の栄保、嫡男の龍王丸（今川氏親）を産んでいる。ここから、早雲と今川家の浅からぬつながりが生まれ、ひいては北条五代が関東に覇を唱えるきっかけが生じたのだから、この縁組は誠に大きい意味を持っていたといえるだろう。

ところが、文明８年（１４７６）、今川義忠は駿河国内の内乱で馬に乗って指揮を執っていたところ、流れ矢に当たってあっけなく討死してしまう。この義忠の突然の死により、わずか６歳の龍王丸が残された今川家では、当然のように継嗣争いが起こった。嫡男龍王丸と、義忠の従兄弟の小鹿《おしか》範満が家督を巡って対立したのである。この混乱を避け、北川殿は龍王丸を連れて小川城（静岡県焼津市）城主の長谷川正宣の元に逃れた。

この内紛に際しては、堀越公方の足利政知や関東執事の上杉政憲までもが小鹿範満を推して、上杉家重臣の太田道灌《どうかん》が駿河へ出兵するなどの動きを見せたため、北川殿は足利幕府の申次衆であった父の伊勢盛定を頼った。

駿河の今川氏を救援する

ここで、早雲の出番が回ってくる。

伊勢盛定は娘である北川殿からの嘆願を受け、室町幕府の了承を得たうえで、早雲を駿河に送ったのである。室町幕府の命も受けた早雲の調停は首尾よく功を奏し、両派は富士の浅間《せんげん》神社で神水を酌み交わして和議を誓約。龍王丸が成人するまでは、小鹿範満が駿府館で家督を代行することに落ち着いた。その後、将軍足利義政も龍王丸による今川家の家督継承を認めて本領を安堵する御内書を発給した。御内書とは、室町幕府の将軍が発行する私的書状の形式をとった公文書のことである。

この決着を受け、北川殿は龍王丸を連れて丸子城（静岡県静岡市）に移っている。今川家の家督争いが収まると早雲は京へ戻っていった。かくて、この騒動が北条早雲と今川家との絆を強め、のちの早雲の関東進出と戦国大名北条氏の誕生の契機となったのである。

しかしながら、その後、龍王丸が15歳を過ぎて成人しても、家督を代行していた小鹿範満は扇谷上杉家の重臣である太田道灌の後ろ盾もあり家督を返上しようとしなかった。

そんな状況にあった文明18年（１４８６）、扇谷上杉家の上杉定正と内紛状態にあった道灌が、その謀略により糟屋館《かすや》（神奈川県伊勢原市）で暗殺されたため、一転して家督を代行していた小鹿範満の権力基盤は弱体化する。この機をとらえ、北川殿は頼りにする弟である早雲に再び助けを求めた。

当時、早雲は30歳前後の働き盛り。室町幕府の奉公衆である小笠原政清の娘（南陽院殿）と結婚し、長享《ちょうきょう》元年（１４８７）には自らも奉公衆となっていた。

奉公衆とは、各国の支配を任せた守護大名が領国内の武士を家臣に加えて勢力拡大することを阻止するため、室町幕府がつくった官職のひとつである。いわば将軍の親衛隊のようなもので、奉公衆になった御家人や守護大名は「将軍の家臣」であるというプライドと独立心を持っていたという。戦に出陣するときは、将軍から直接に出陣命令を受けたうえで、その軍事力として戦闘に加わっていたのだ。

北川殿の懇願と幕府の司令を受けて、早雲は奉公衆として再び駿河へ下向する。龍王丸を補佐するとともに、石脇城（静岡県焼津市）に入って同志を募った。

文明18年（1486）11月、早雲は駿河館を襲撃。小鹿範満は弟の小鹿孫五郎と共に防戦するが、敗れて自害に追い込まれる。こうして龍王丸は駿河館に入ると、2年後には元服して今川氏親と名乗り、今川家の当主になった。この時、北川殿は、駿府館付近の安倍川支流である「北川沿い」に別荘を建てて移り住んだため、この名で呼ばれるようになったといわれている。

その後、早雲は今川氏親を支援するため、京には戻らず、今川家の家臣となった。氏親は戦功の第一の功労者であり、叔父でもある早雲に恩賞として興国寺城（静岡県沼津市）と富士下方12郷を与えている。これは、早雲自身の希望だったのかもしれない。一城の主となった早雲は、今川領国である駿河の東の守りを任されたのである。そして、この興国寺城が早雲にとって、その後伊豆へ、さらに相模へと進出する起点となっていく。

伊豆討入・戦国時代幕明けの下克上

これに先立つ長禄元年（1457）、室町幕府八代将軍足利義政は対立を深めていた古河公方に対抗すべく、として、幕府から足利政知を鎌倉公方として送り込んだ。ところが、政知は抵抗にあって鎌倉に入れず、伊豆の堀越（静岡県伊豆の国市）に本拠を構えたことから「堀越公方」と称されていた。

ここであらためて説明しておくと、公方とは将軍の公権力の代行者に指名された足利将軍家の一族の肩書のこと。足利幕府の成立により、京から離れた関東にも新しい政治秩序が求められ、これを司る将軍の代理を鎌倉公方と呼んだ。

ところが、この鎌倉公方は早い時期から独立権力と化して何かと京の将軍家と対立し、一度は六代将軍足利義教による討伐（永享《えいきょう》の乱）によって断絶するが、ほどなく復活。五代鎌倉公方の足利成氏が関東管領の上杉憲忠を暗殺したことに始まる享徳の乱（前述）以後は、鎌倉から下総古河（茨城県古河市）に本拠を移し、これに管領職を世襲する山内・扇谷というふたつの上杉家も絡み合って、絶え間ない戦闘と内紛を繰り返していた。

これに対して幕府側が正式な鎌倉公方にすべく政知を送ったものの、右のような経緯で伊豆の堀越にとどまらざるをえず、事態はいよいよ泥沼化。さらに、中央で起こった応仁・文明の大乱にかかわる各地の守護大名の対立が火に油を注ぎ、東国の政治・軍事状況は複雑怪奇な様相を呈していたのである。ちなみに、鎌倉公方とその後継である古河公方を合わせて「関東公方」と呼び、堀越公方を支える役職は関東管領を指す旧役職名の「関東執事」と呼びならわすなど、このあたりの歴史はかなりややこしい。

こうした事情から、もともと脆弱な立場にあった堀越公方は、特に応仁・文明の乱による幕府権力の衰退を受けてますます弱体化し、事実上は伊豆の単なる一領主と化していたが、ここでまた突然の家督争いが持ち上がった。

初代足利政知の次男である潤童子《じゅんどうじ》が後継に選ばれていたところへ、延徳3年（1491）7月、素行不良として土牢に閉じ込められていた異母兄で長男の茶々丸が牢番を殺して脱獄。潤童子とその母である円満院を殺害して、二代目の堀越公方を名乗ったのである。しかし、重臣である韮山城主の外山豊前守らまで成敗したことで茶々丸は旧臣の支持を失い、伊豆国はたちまち内紛状態となってしまう。

この事態に、早雲は明応2年（1493）の秋頃、十一代将軍の足利義澄から討伐の命を取り付けて伊豆に侵攻し、堀越公方を襲って茶々丸を敗走させる。折も折、古河公方と山内・扇谷の両上杉家の合戦が激化し、伊豆の国衆たちが出払っているのを「好い時節の到来」と見た電撃的な作戦だった。

これが北条早雲による〝伊豆討入〟であり、戦国時代の幕開けとされている出来事だ。

この伊豆攻めには、今川氏親も葛山城主の葛山春吉らを援軍に出して協力しており、以後しばらくの間、早雲は氏親と密接な協力関係を持って支配領域の拡大を図っていくことになる。

なぜ、早雲による伊豆討入が戦国時代の幕明けといわれるのか。

それ以前にも守護大名同士の戦はいくらでもあったが、早雲の伊豆討入はそうした戦とはまったく異質だからである。堀越公方は落ちぶれたとはいえ、室町幕府の出先機関である。ところが、それを撃破したのが駿河守護の今川氏親の一家臣に過ぎない早雲であった。

つまり早雲の伊豆討入こそは、地位が下の者が上の者にとって代わる「下克上」そのものだったのである。室町幕府＝中世封建社会の打破と旧秩序（アンシャン・レジーム）の破壊。その引き金を引いたのが風雲児早雲の伊豆討入であり、中世から近世へと向かう戦国時代の到来を告げた画期的な出来事といえる。

早雲の攻撃により敗走した足利茶々丸は、これまで韮山の願成就院《がんじょうじゅ》において自刃したとされていたが、実際には国衆（国人領主）である関戸氏、狩野氏、土肥氏らの協力により数年にわたり早雲に抵抗したようだ。その後は伊豆から逃れ、山内上杉氏や甲斐の武田氏を頼って伊豆奪回の機会を狙ったという。明応４年（１４９５）には茶々丸を捜索するとの名目で、早雲は甲斐に攻め込んで甲斐守護の武田信縄《のぶつな》（信玄の祖父）と戦っている。動員できた兵力は2000程度であったが、茶々丸方は徐々に追い込まれていく。

早雲はまた、国衆として伊豆の盟主的存在であった狩野城（静岡県伊豆市）の狩野道一も攻略。2年後には、最後まで抵抗した関戸吉信の深根城（静岡県下田市）も陥落させ、およそ5年がかりで伊豆を平定する。茶々丸は明応7年（1498）8月、再び甲斐へ侵攻した早雲に攻められて自害し、ここに堀越公方は完全に滅亡した。

税制改革や撫民による積極的〝仁政〟

伊豆討入の成功と前後して、事実上伊豆の支配者となった早雲は、この頃から伊豆（豆《ず》州《しゅう》）国主と認知されるようになる。明応4年（1495）には居城を韮山城（静岡県伊豆の国市）に移し、伊豆の統治に着手している。

まずは、税制改革の実行だ。当時はどこの国の領民も重税にあえいでおり、年貢米が五公五民ならば〝仁政〟といわれ、なかには七公三民という酷税さえ珍しくなかった。これに対し、早雲は重い税制を廃して四公六民の租税を定める。すると領民は歓喜し、茶々丸の暴政に苦しんでいた伊豆の武士や領民はたちまち早雲に従い、有力国衆も家臣に加わった。

ところが、茶々丸を滅ぼした直後の明応7年（1498）8月25日の朝8時頃、推定M8・5とされる大地震（明応地震）が発生。大津波が広く紀伊（和歌山県）から房総の海岸を襲い、南海から東海地域で数万人という犠牲者が出る。今日でいう南海トラフの巨大地震と見られるこの地震で、当時まだ淡水湖だった浜名湖は海岸線がえぐられて、現在のように太平洋と繋がったとされ、鎌倉でも高徳院の大仏殿が津波により破壊された。伊豆にも、西伊豆や沼津などへ10～30mの大津波が押し寄せ、被害は甚大となった。

地震や台風などの自然災害は、現代でも政権担当者にとって予期しがたく対応に苦慮する惨事である。ましてや500年以上前のこと、その混乱は大変なものだったであろう。しかし、早雲はこの大災害も領国統治を強化するチャンスと果敢にとらえ、大地震からの復興と伊豆の被災者の救済に努めることで民衆の支持を得ていく。

こうした積極的な撫民《ぶみん》・救恤《きゅうじゅつ》政策は、前述の伊豆討入の当初から行われていた。ある時、一帯の村々で悪性の風邪が流行し10人中8、9人が死んでいるという惨状があった。人々が散り散りになっていたところ、薬を取り寄せ、医師や家臣に負傷者や病人を介抱させたことで、山に逃げていた人々も早々に村へと戻り早雲の配下に加わったという。

このあたりの心理を、後世の記録は早雲自身の言葉を引いて次のように書き綴っている。

「情けをかけるのは人のためにではない。己れの器量が計られているのだ。彼らを見捨てて敵に向かうならば、病人はすべて死んでしまうだろう」

戦というのは兵卒の力だけでなく、これを支える非戦闘員の陰になり日向になりの協力なくして勝利はおぼつかない。その兵卒にしても当時は完全な兵農分離ではなく、平時には田を耕し戦時には槍を取るという時代であり（完全な兵農分離は織田信長以降のこととされる）、一見、遠回りの撫民政策が持つ効果には非常に大きいものがあった。

事実、この折の疫病救済に際して、農民たちは「この恩返しをいつになったらできるだろう」と、積極的に早雲に帰順したといわれており、のちの領国経営に有利に働いたことは間違いない。こうして早雲は武力のみならず、領国経営にかかわる民政の充実も図りながら伊豆平定を進めていくのである。

ゲリラ戦で小田原城を奪取

話は少し前にさかのぼるが、今川氏親が北条早雲の尽力もあって家督を得たころ、関東では関東管領の山内上杉家の上杉顕定《あきさだ》と扇谷上杉家の上杉定正とが争う「長享《ちょうきょう》の乱」が勃発。堀越公方を支援していた山内上杉家に対して、扇谷上杉家は早雲に急接近する。

山内・扇谷の両上杉家の関係については、もともと両家とも上野の守護だった上杉憲房―憲顕《のりあき》（上野・越後・武蔵の守護と関東管領職）親子の流れを汲む同門であった。ところが、宗家にあたる山内上杉家が関東管領職をほぼ独占的に世襲していたのに対し、室町時代中期以降に勢力を増した扇谷上杉家がこれと対立して、関東各地で領有権争いを繰り広げてきた経緯があった。

そんななか、早雲はある日、次のような不思議な霊夢を見たとされる。

「2本の大きな杉の木を鼠が根元から食い倒し、やがて鼠は虎に変じる」

ここでいう2本の杉とは、もちろん関東管領の山内上杉家と扇谷上杉家を指し、鼠とは子年生まれの早雲のことである。すなわち早雲は、両上杉家の争いを治めるのは自分しかいないと考えるようになっていたわけで、この頃から関東の戦乱を平定するという大きな夢を正夢にすると心に誓ったのではないか。

さらに深読みすれば、夢見にかこつけて自らの関東平定への野心を周囲に印象付け、それへ向けた家臣団の結束をはかった可能性も考えられる。中世において夢見は単に夢であるにとどまらず、〝夢告《むこく》〟として将来を予知・予言するものと見なされており、そこに迷信深い人々をメンタル面でもコントロールしようという、早雲らしい人心掌握術があったとしても不思議ではない。

さて、明応3年（1494）に入り、8月に扇谷上杉家の上杉定正の家臣として相模国の西部を支配していた小田原城主の大森氏頼が亡くなり、相模国の東部を支配していた三崎城主の三浦時高も9月に亡くなると、大森家も三浦家も家督を巡って内紛状態に陥る。家督争いは戦国時代に入って常態化していたのである。

この混乱に乗じて出陣した山内上杉家の上杉顕定に対抗するべく、扇谷上杉家の上杉定正は早雲の軍勢も加えて、武蔵国の高見原（埼玉県比企郡小川町）で顕定と対陣する。ところが、荒川を渡河しようとした際に、上杉定正は落馬により死亡。これには、定正に暗殺された（前述）太田道灌の亡霊が、定正を落馬させたのだとする伝説もある。定正に関しては、江戸時代後期に曲亭馬琴《きょくていばきん》が書いた『南総里見八犬伝』でも悪役として登場するなど、当時から権謀術数を弄した奸雄《かんゆう》というイメージがつきまとっていたようだ。

その後、扇谷上杉家は養子の上杉朝良《ともよし》が継承したが、古河公方の足利成氏が上杉顕定側に支持を変えてしまい、勢力が衰退していく。顕定は二代古河公方の足利政氏と連合して相模に侵攻した際、扇谷上杉側に属していた長尾景春と大森藤頼、そして援軍した早雲とも戦った。こうしたなか、相模の守護である扇谷上杉家の上杉朝良は、伊豆を平定した早雲の実力を高く評価していた。これを利用して、早雲は小田原城の大森氏に触手を伸ばす。氏頼の時代から進物を贈り、嫡男の藤頼にも接待を続けて、友好を深めていった。

ある時、早雲は一通の手紙を藤頼に届ける。

「このところ、私の国の山で鹿狩りをしているため、鹿がみな箱根山に集まってしまった。これを伊豆へ追い返すため、当方の勢子《せこ》を領国へ入れる許可をいただきたい」

ここでいう勢子とは、狩りの際に射手が射やすいよう獲物を背後から追い立てる役目のことで、これが早雲の謀略であることに気付かない藤頼は、ふたつ返事でこの申し入れを許可。してやったりと喜んだ早雲は、武勇に富んだ若い足軽数百人を勢子に、腕利きの侍たち数百人を犬飼に仕立てて竹槍を持たせ夜討ちの訓練を重ねたという。

明応4年（1495）9月、勢子と犬飼に化けた早雲の手勢は、熱海の日金山《ひがねさん》を越えて小田原城を取り巻く石橋や湯本のあたりに潜んで攻撃の合図を待つ。時刻が来ると、赤々と燃える松明を角に結び付けた牛の群れを石垣山や箱根山へ追い上げ、同時に兵たちが小田原城の裏山からほら貝を吹き、鬨《とき》の声をあげて突撃。その轟音《ごうおん》と山々にともる松明の火を見た城兵たちは「これはどうしたこと、敵は何万人いるのだろう」とあわてふためいて満足に守りも固められず、早雲の軍勢は一気に小田原城を攻め落としてしまった。

これを知った扇谷家上杉朝良は、早雲の実力を評価し恐れていただけに、今後の支援を頼む代わり、小田原城の事実上の占拠を許可せざるを得なかった。実際にその軍事的支援を受けることで、上杉顕定に奪われていた相模の諸城を取り戻すなど、早雲の武威は早くも相模一円に広く知られるところとなっていった。

こうして、早雲は相模進出の拠点とすべく小田原城奪取に成功。策士早雲の恐るべき行動力と、戦国の乱世らしいゲリラ戦術は当時の語り草となったのではあるまいか。

立河原の戦いで山内上杉氏に大勝

山内上杉家と扇谷上杉家の間に長く続いた長享の乱も、永正元年（１５０４）の立河原《たちかわのはら》の戦いを経ていよいよ決着がつくこととなる。この間、扇谷上杉家は武勇で知られた定正の没後、先述のように山内上杉家が古河公方の足利政氏と同盟したこともあって、後を継いだ朝良が苦境に立たされていた。

戦いに際しては、山内上杉家の上杉顕定が8月末に上杉朝良の拠点である河越城（埼玉県川越市）への攻撃を開始。朝良はすぐに北条早雲と今川氏親に援軍を求めるが、これまでの戦いで河越城の守りが堅いことを知っていた上杉顕定は、陣を武蔵国白子（埼玉県和光市）へ移動して、先に江戸城を攻略し南北から河越城を挟撃する作戦に変更する。

一方、小田原城を出発した早雲は武蔵国桝形城《ますがた》（神奈川県川崎市多摩区）に入り、駿府から駆け付けた今川氏親と合流。この動きを察知した上杉顕定は、早雲によって先に小田原城を追われた大森顕定（大森式部大輔）へ書状を送り、甲斐守護の武田信縄へ援軍要請するよう指示するなど、双方が周辺諸国を巻き込んで緊張関係はいよいよ高まっていく。

今川氏親が到着したのを受け、様子を見ていた上杉顕定と古河公方らは兵を南に進め、対する河越城の上杉朝良も早雲と氏親に合流。その後、9月27日になって朝良側の軍勢が多摩川を渡河して立河原（東京都立川市）に上陸すると、これを知った上杉顕定と古河公方らは立河原に駆けつけて両軍にらみ合いとなった。

こうして、同日正午頃より立河原の合戦が始まり、戦いは夕方まで続いた。激戦の末、山内上杉勢は約2000の兵を失い、上杉顕定は命からがら鉢形城（埼玉県寄居町）に敗走。勝利した氏親と早雲は鎌倉に引き揚げ、熱海温泉でともに静養した後、韮山城で戦死者のための法要を行っている。

このように、立河原の戦いで大勝したのは早雲らの強力な援軍を得た扇谷上杉家の上杉朝良であった。だが、実力に勝る山内上杉家の上杉顕定は、実家の越後上杉家の援軍を受けて反撃に出る。翌年には上杉朝良の河越城を降伏させ、朝良の江戸城隠居を条件に和睦する。こうして長享の乱は奇妙な形で終結。朝良の隠居も形式的なもので、扇谷上杉家の実権はその後も朝良が握ることとなった。

このような関東の趨勢を見て、早雲は扇谷上杉家の上杉朝良からの軍事協力要請を大義名分に、その後も相模国の統一を目指していく。扇谷上杉家の支配下だった相模の各地に、早雲がその勢力を伸ばしていくという構図である。

一方、長享の乱後の永正4年（1507）、上杉顕定の養子である憲房（前出の上野守護とは別人）と、隠居していた上杉朝良の妹の婚姻がなされ、山内・扇谷両上杉家の和議が成立。ところが、ここで上杉顕定の片腕で越後守護を務める実弟の上杉房能《ふさよし》が、守護代の長尾為景《ためかげ》（上杉謙信の父）らが擁する上杉定実（房能の従弟で養子とされる）軍に追われて自害するという事件が起きる。越後でも、守護代が守護を討つという下克上が発生したのである。これを制圧するため、永正6年（1509）、関東管領の上杉顕定は8000もの大軍を率いて越後へ出陣する。対抗できないと判断した長尾為景は、上杉定実と共に戦わずして越中（富山県）へ逃れた。

この内紛の間隙をついて、またしても素早い動きを見せたのが早雲だ。扇谷家の上杉朝良を牽制するために相模中郡一帯まで進出し、相模湾沿いの大磯に高麗寺《こまでら》要塞と住吉要塞を取り立てる。さらに江戸湾(東京湾)の制海権奪取を目論んで、神奈川湊に隣接する権現山城(神奈川県横浜市神奈川区)に至り、扇谷上杉方の上田政盛を寝返らせて城主へと据えた。

翌永正7年(1510)、越後に出陣していた上杉顕定は勢力を盛り返した長尾為景に返り討ちに遭う。今度は越後守護によって関東管領が討ち取られるという下克上が起ったのだ。さらに、早雲と同じように下克上によって成り上がり、長らく顕定と戦いをくり返してきた長尾景春は、上杉憲房を破って白井城(群馬県渋川市)を奪い、早雲と同盟を結ぶ。

こうした情勢におおいに危機感を覚えた上杉朝良は、顕定を継いだ山内上杉家の憲房と和解。長らく関東で血みどろの争いを続けてきた山内上杉家と扇谷上杉家は、「このまま対立していけば、早雲にやられてしまう」という危機感を共有したのであろう。ここに新興勢力である為景、景春、早雲の〝下克上三人衆〟は、越後、上野、相模にそれぞれの地盤を築き、両上杉家という守旧勢力との戦いを挑むことになった。

しかしながら、意外にも越後の維持をあきらめた顕定の養子憲房が関東に帰国すると、一転して早雲と景春が危機に陥る。上野の景春を憲房が、相模の早雲を朝良が攻撃するかたちで、両上杉方の反撃が始まった。

早雲に寝返った上田政盛の籠る権現山城には、扇谷上杉勢に山内上杉勢の援軍も加わって激しい攻撃が仕掛けられる。早雲は今川氏親や長尾景春からの援兵を城口に入れ、自らは近くの日吉要塞に後詰《ごづめ》して反抗した。だが、約1週間に及ぶ抗戦もむなしく権現山城は落城し、上田政盛は討死。早雲は小田原まで引くこととなる。

その後、扇谷上杉勢は相模の有力国衆である三浦道寸の軍勢と共に、小田原まで迫り早雲を追い詰めた。しかしながら、早雲は上杉朝良と巧みな外交交渉によって和睦し、これを見た三浦道寸も兵を引き上げる。早雲は、この時ばかりは手痛い敗北を喫したのである。しかし、この時の深追いが早雲をして復仇の思いを抱かせ、三浦氏にとってはのちのちの命取りとなった。

一方、この頃になると早雲は、駿河の今川氏親を支援するための出兵はしなくなっており、政治的にも今川家から独立して本格的に相模国の支配を図っていたようだ。それを傍証するのが、永正3年（1506）に実施された小田原周辺での検地である。これは戦国大名によって最初に実施された検地とされ、早雲が伊豆のみならず相模の領国行政を開始したことの証と考えていい。以後、こうした内国統治は北条氏五代を通じ、重要な施策として受け継がれていくのである。

三浦氏を討ち滅ぼし相模国平定

関東での戦乱が続くなか、早雲は山内上杉家と扇谷上杉家の両家の攻略よりも、まずは足元の相模の平定に重点を移していく。そこで、にわかに重要度を増したのが、相模における最強のライバルである三浦氏の攻略である。

三浦氏は相模の名族で、かつて源頼朝の挙兵に応じ、鎌倉幕府創立の功臣として大きな勢力を有していた。嫡流は鎌倉幕府執権の北条氏（得宗）に滅ぼされたが、傍流は相模の豪族として生き延び、地域勢力として力を保持。この当時は扇谷上杉家に属し、同家から養子に入った当主の三浦道寸（義同《よしあつ》）が相模中央部の岡崎城（神奈川県伊勢原市）を本拠に、三浦半島の新井城や三崎城を息子の義意《よしおき》が守っていた。

永正9年（1512）8月、早雲は古河公方と山内上杉家の間に起こった内紛に乗じて、三浦道寸の本拠地であった岡崎城を急襲し落城させる。大庭城（神奈川県藤沢市）も攻略し、道寸は岡崎城から弟の三浦道香が守る逗子小坪《こつぼ》の住吉城に逃れて抵抗を続ける。住吉城は天然の要害として知られており、なかなか落城しなかった。

そこで、早雲は住吉城や三浦半島を牽制する備えと、三浦氏と扇谷上杉家の連絡を絶つため、大船に玉縄城（神奈川県鎌倉市）の普請を開始して次男の伊勢氏時を置く。こうして翌年1月まで、両軍の小競り合いが鎌倉や藤沢で頻発。この「鎌倉合戦」で、南北朝内乱期の戦火で大半を失っていた鎌倉時代以来の名刹《めいさつ》古刹《こさつ》は完全に焼亡してしまう。

これに心を痛めた早雲は、こんな歌を詠んでいる。

「枯るる木に　また花の木を　植ゑ添えて　もとの都に　なしてこそみめ」

（今は枯れた木のようなこの場所に、また花咲く木を植え直して、もとの立派な街に戻してみせよう）

自らも加わっての戦乱によって破壊されてしまった古都鎌倉を思う気持ちと、復興への志がうかがえる一首であり、武威一辺倒ではない早雲の一面が垣間見える。

その後、三浦道香が討死し住吉城も落城すると、三浦道寸らはさらに三浦半島に逃れ、新井城と三崎城に立て籠ると上杉朝良に援軍を要請した。これを受け、太田道灌の子で三浦道寸の娘婿である太田資康《すけやす》が扇谷上杉勢を率いて援軍に来たが、武運つたなく北条勢に撃退されてしまう。追い詰められた三浦道寸・義意親子は、新井城にて２０００の兵とともに籠城する道を選ぶ。

早雲は新井城への攻撃を仕掛けるが、海に突き出た要塞堅固な新井城を力攻めするのは不利と判断し、こちらも城を包囲する作戦に出た。そして、なんと約3年もの長い間、三浦道寸らは新井城を北条勢に囲まれるという苦しい状況に置かれてしまう。まさに背水の陣そのものである。

この間、三浦勢からの再三の要請に扇谷上杉家の朝良は、永正13年（1516）7月に救出軍を江戸城から三浦半島に派遣する。相模守護の権威はあくまで扇谷上杉家が有しているとの示威であるが、これに対して早雲は新井城の囲みに2000の兵を残し、鎌倉近くの玉縄城に4000～5000の兵を配置し、迫る救出軍を見事に撃退した。

この極限状況のなかで、三浦道寸は家臣から海を越えて房総半島の上総へと逃れ再起を図るべきと進言されたが、拒否。城を打って出ることを決意する。

「落ちんと思う者あらば落ちよ。死せんと思う者は討死にして後世に名を留めよ」

と兵士たちに訴え、最後の酒宴を催した。

切羽詰ったこの状況でも城から逃げる者は1人もおらず、翌7月11日、城門を開いて敵陣に突入。死を覚悟した新井城兵の勢いは凄まじく、北条軍は一時ひるんだが圧倒的兵力で押し戻し、三浦勢は疲れ果てて新井城に戻ると思い思いに切腹した。

初代・北条早雲時代の勢力範囲

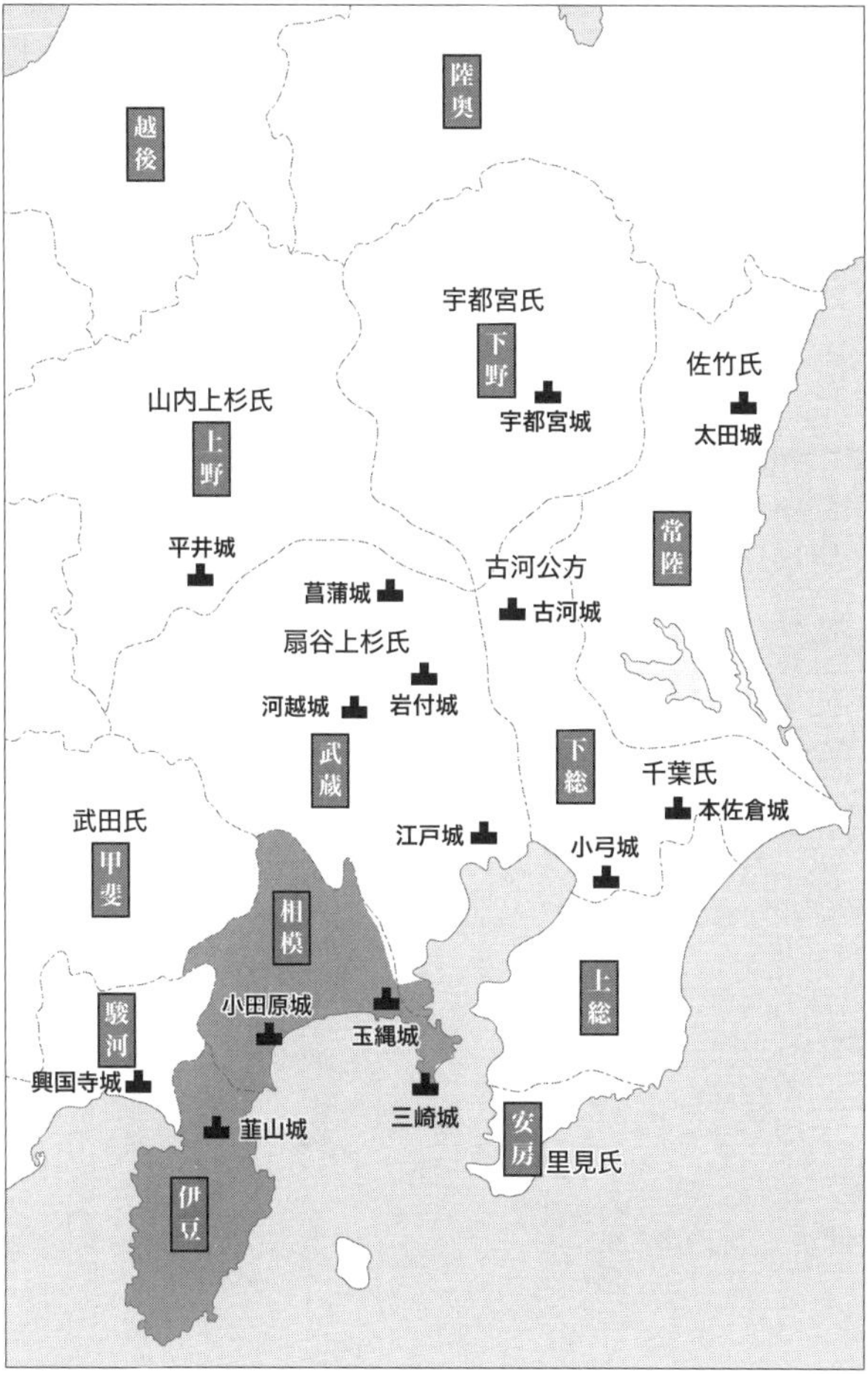

『戦国北条家一族事典』（黒田基樹／戎光祥出版）の図版を参考に作成

三浦義意は父道寸の切腹を見届けた後、敵中に突撃して21歳の若さで討死した。ここに450年にわたって三浦を治めた名門三浦氏は滅亡したのである。新井城落城の際には、討死した三浦勢の将兵たちの血によって湾一面の海が血に染まり「油を流したような様」になったことから、同湾は今に至るまで「油壺」と呼ばれるようになったという。

こうして激戦の末、三浦氏を滅ぼして相模国東部をも平定した早雲は、津久井城（神奈川県相模原市）の内藤氏も支配下に置き、相模北部も含めた同国全域を統一する。61歳の時であった。しかし、早雲はさらに高みを目指して進んでいく。

房総半島・伊豆諸島をも含む雄大な戦略

当時、房総半島と三浦半島は互いに〝向地《むかいち》〟と呼び合うほど近い距離にあり、江戸湾の水上交通を利用しての交流が活発だった。その点、今も盛んに利用されている東京湾フェリーのルーツがすでにあったわけで、海上交通という面ではこの時代のほうが盛んだったといえるかもしれない。

相模一国を平定した早雲は、江戸湾を横断するこの海運ルートに目をつける。すなわち、現在でいう荒川、隅田川、多摩川などの大河が流れ込む江戸湾を押さえてしまえば、内陸部への物資の流通を支配することができ、両上杉氏は自然に立ち枯れると考えたのだ。なんともスケールの大きい戦略であり、こうした発想はあまたの戦国大名を見回しても、なかなか類例が見つからない。

江戸湾の海運を押さえるには、当然ながら対岸の房総半島に拠点をつくる必要がある。その頃、房総半島では上総真理谷《かずさまりやつ》を本拠とする武田氏と、下総小弓《しもうさおゆみ》を本拠とする原氏の抗争が激化しており、付け入る隙は十分にあった。

武田氏支援を表明した早雲は、三浦氏を滅亡させた永正13年（１５１６）頃から、家督を嫡男の氏綱に譲る同15年（１５１８）までたびたび渡航を繰り返している。相模を統一したのも束の間、相模の国衆を傘下に加え、伊豆や相模の水軍を確保し、上総真里谷の武田氏を支援するため、海路で房総半島に渡り転戦していったのである。それだけに、早雲がもう少し長生きしていたら、以後の房総半島情勢も少なからず変化していたのかもしれない。

さらに、早雲は伊豆諸島の八丈島にも目を付けている。当時の大名は、商人や船乗りに航路の安全を保障するかわりに税収を得ていた。伊豆諸島は畿内西国と関東との海上交通で必ず通過しなければならない海域にあり、八丈島はその要衝である。それまでは三浦氏が支配していたが、これを滅ぼした早雲は新たな代官を置いて太平洋の制海権を握ることを目指した。

また、この八丈島には野生の桑が生育し、養蚕が盛んで高品質の生糸がとれた。それを島の女性たちが器用に機織りして独特の絹織物が生産されていた。島の名前である「八丈」とは朝廷などに献上される、その織物の長さに由来するといわれている。早雲はこの貴重な産品である絹織物を、利益を得るための戦略物資として活用することを考えたのであろう。

いずれにしろ、伊豆半島と三浦半島を平定し、房総半島にも進出した早雲の戦略上の目標は、相模湾、江戸湾、そして太平洋の海上交通の優位性を確保し、ひいては交易による新たな経済圏を築くことにあったのではないか。早雲とは、このように大きなビジョンを描ける破天荒な戦国大名だったのである。

さて、早雲は晩年にもうひとつの画期的な改革を成している。それが「虎の印判状」の使用だ。印判状のない徴収命令は無効とし、郡代や代官による農民や職人への違法な搾取を取り締まる体制が整えられた。この虎の印判は、その後北条氏の領土統治のシンボルとして継承発展していく。これについてはのちに詳しく見ていくが、その背景にはもともと今川氏の権威のもとに活動していた早雲が、自らを独自の公権力を発揮する戦国大名として意識し始めたという点があったように思えてならない。

「早雲寺殿廿一箇条」という家訓

北条早雲は、その晩年に子孫へ向け、自らの経験に基づいた戦国時代を生き抜くための訓戒を残している。戦国大名の家訓の典型として広く知られた「早雲寺殿廿一《にじゅういち》箇条」である。その名の通り21カ条から成り、簡潔な文章でわかりやすく書かれているので、ここに紹介しよう。

一、可信佛神事（神仏を信ずること）
二、朝早可起事（朝は早く起きること）
三、夕早可寝事（夜は早く寝ること）
四、手水事（万事慎み深くすること）
五、拝事（礼拝を欠かさぬこと）
六、刀衣裳事（質素倹約を旨とすること）

七、結髪事（常に身だしなみを整えること）
八、出仕事（場の状況を見極めてから進み出ること）
九、受上意時事（上意は謹んで受け、私見を差し挟まぬこと）
十、不可爲雑談虚笑事（主の前で談笑するなど、思慮分別のない行動を慎むこと）
十一、諸事可任人事（何事も適切な者に任せること）
十二、讀書事（書を読むこと）
十三、宿老祗候時禮義事（常に礼儀を弁えること）
十四、不可申虚言事（嘘をつかぬこと）
十五、可学歌道事（歌道を学び品性を養うこと）
十六、乗馬事（乗馬の稽古を怠らぬこと）
十七、可撰朋友事（友とする者はよく選ぶこと）
十八、可修理四壁垣牆事（外壁や垣根は自ら点検し、修繕を怠らぬこと）
十九、門事（門の管理を徹底すること）
二十、火事用事（火元は自ら確認し、常に用心すること）
二十一、文武弓馬道事（文武両道を旨とすること）

以上のように、神仏への信仰に始まり、早寝早起き・掃除・防犯・火の用心などの家政上の注意、出仕時の主君への対応・立ち居振る舞い、読書・歌道・乗馬などの修業まで順次説かれ、最後は文武を兼備すべきことで結ばれている。素朴であるが、極めて実際的で具体的な内容を持ち、戦国武士の生き方を間近に見てとれる。

この家訓は以後、北条氏に代々受け継がれていく。質素、倹約、質実剛健という北条家の美徳はこうして生まれたのである。まさに、早雲の面目躍如だろう。

早雲寺殿廿一箇条は、戦国大名の領国統治の基本法である分国法の先駆ではないかともいわれている。事実、のちの評定制度でも、その戒めは用いられている。

早雲には4人の息子がいた。長男の氏綱は嫡男として、北条氏二代目当主となる。次男の氏時は、相模東部の拠点玉縄城の城主を務めた。三男の氏広は、駿河東部の国衆葛山氏を養子継承した。氏時、氏広はともに当主氏綱を立てて、領国経営の発展を強力に支援していく。さらに四男の宗哲は、幼少時から仏門に身を置いて箱根権現別当《べっとう》職を継承し、政治面のみならず精神面から氏綱、そして三代氏康まで支え続けた。この人物については、のちに詳述する。

これは、早雲の家訓からもうかがえるが、兄弟と親族が当主をしっかりと支えて領国経営を進めるという、北条氏の素晴らしい伝統の始まりとなるのである。

早雲は、永正15年（1518）に家督を嫡男の北条氏綱（当時の名字は伊勢）に譲った翌年、急な病を得て韮山城で死去した。享年64。遺体は修善寺において荼毘《だび》に付され、その葬儀にあたっては遺言で京の大徳寺八十三世の以天宗清《いてんそうせい》を招き、遺骨は箱根湯本に築いた円丘（のちの早雲庵・早雲寺）に葬られたとある。

室町時代後期の戦乱と混沌のなかから、早雲は「関東に善政を布き、静謐をもたらす」という理想を掲げ、新興勢力として旧体制を打破するために立ち上がった。戦国時代を開いた風雲児、伊勢盛時こと北条早雲は、まさに嵐を起こし風のように去っていった。

北条氏綱は父の死から2年後に、我が家の菩提寺として一寺を建立し、これを金湯山早雲寺（神奈川県箱根町）と名付けた。仏殿・法堂・山門・鐘楼などすべて大徳寺にならい、金銀珠玉をちりばめ、以天和尚を開山として招いたという。その後、天文11年（1542）には宮中から綸旨《りんじ》が発せられ、寺は天皇の発願《ほつがん》を得た栄誉ある勅願寺《ちょくがんじ》となっている。

第2章　二代　北条氏綱

関東の覇者へ上り詰めた理想の後継者

「天下布武」に先んじる虎の印判の価値

今川氏の親族として、伊豆国、相模国を支配するまでの勢力を一代で築いた北条早雲の後を継ぎ、さらに領地を拡大し領国支配を強化したのが、二代目当主となった北条氏綱である。いかにして氏綱は関東に進出していったのか。その活躍ぶりを紹介しよう。

氏綱は長享元年（1487）、父早雲と母である小笠原正清の娘・南陽院殿の嫡男として生まれた。元服は文亀《ぶんき》年間（1501〜04）頃で、今川氏当主の今川氏親から「氏」の偏諱《へんき》（二字名のうちの一字）を賜ったといわれる。

氏綱は「代替わりの大仕事」として、さまざまな改革を実行。領土拡大のみならず、領国経営にも力を入れていく。

まずは、先代の早雲から継承した「虎の印判」の制度強化である。これは1辺7・5㎝の四角印の上に、横たわる虎の意匠が施された印で、枠内の文字は「禄壽應穏」と印字されている。（下図）「禄と壽は、應《まさ》に穏やかなるべし」と読むが、禄とは財産、壽とは生命のことだ。押印者すなわち北条宗家が、「領民

の財産と生命を守っていく」という宣言である。

この「虎の印判」は、北条氏が勢力を拡大していくにつれて「北条権力の象徴」となっていく。それは実に、北条家が滅亡するまで１００年にわたって使い続けられることになるのだが、単に精神的シンボルというだけでなく、強い政治的実行力も伴っていた。

当時、関東では、終わりなき戦乱に伴って人心は荒れ、国衆や代官が勝手に多くの税を徴収するということも頻発していた。そこで、これを取り締まるため、この印そのものが「虎印のない文書には一切応じる必要がない！」と命令する役割を担うところとなったのだ。実際、虎印を押した書状は域内において何よりも重視され、今日に至るも「北条家虎印判状」と呼ばれる書状が数多く残されている。

もともと、日本では中世を通じておびただしい公文書・私文書が発行され、その最も大きな目的のひとつが土地の所有や徴税に関するものであった。というのも荘園の解体、あるいは新興階級としての武士が各地に勢力を伸ばしていく過程で、土地の所有関係や徴税を命じる権利が錯綜したため、これを正当化し証を立てるものとして、これら文書の役割が大きくなったからである。

それだけに、たとえばひとつの土地の所有や徴税の命令についても、何通もの書類が乱発されることは珍しくなく、土地を追い出され、また二重三重の税を取り立てられるなど、苦しめられるのは一番弱い領民たちだったことは容易に想像がつく。

早雲が定め、氏綱が普及させた虎の印判はそうした不公正をなくすうえでもおおいに役立ったはずで、これはまさに日本における〝ハンコ社会〟の先駆けといえるだろう。結果的に、この虎の印判は代官らの勝手な私権を制限し、領民の支持も得ることで、北条氏の統治機構強化へつながっていく。このような制度は同時期の他の戦国大名には例が見られず、北条氏の先進性の証であろう。

印判というと、のちに織田信長が用いた「天下布武」つまり「武によって天下を統《す》べる」という権力的な政治姿勢を示すものが有名だ。しかし虎の印判はそれとは対照的に領民を思う撫民《ぶみん》的な政治姿勢を示しつつ、一般にはあまり知られていない。そうした点でも、北条氏はあまりに過小評価されているのではないだろうか。

小田原移転、北条改称が意味するもの

続いて、代替わりの大仕事にあげたいのが、永正9年（1512）に行った本拠地の小田原城への移転である。

初代早雲の時代は伊豆の韮山城を本拠としていたが、氏綱はこれを小田原城に定め、関東進出の拠点に据える。関東進出を視野に入れると韮山城ではやはり遠過ぎ、関東平野の南端に位置する小田原の戦略的優位性を考えてのことだ。

小田原の地は、機内と関東を結ぶ東海道に位置し、相模湾を臨む陸海の交通の要衝である。西には箱根の外輪山をひかえた要害の地であるともに、広い足柄平野を背負ってもいる。東は武蔵国、江戸湾を経て房総・常陸《ひたち》にも影響圏を及ぼし、伊豆の海を経て遠くは伊豆諸島の八丈島、さらに海路で日本列島の東西にも移動ができた。

同じく海山に守られた鎌倉と比べてみても、地政学的な広がりという点で格段の優位性があり、関東侵攻には絶好のロケーションといえる。すでに早雲在世の頃から、この城を任されていたという氏綱は、本拠地にふさわしい城構えへ着々と整備を進めていたに違いない。それはのちのち難攻不落をうたわれる天下の堅城とその城下町へと進化していった（第４章に詳述）。

氏綱はまた、この本拠移転に伴って代替わり検地を行い、小田原周辺や鎌倉寺社領の税負担を明確に定め、支配者としての地位を確立。さらに先代が成し得なかった、領国内の神社の造営事業にも着手する。大永２年（１５２２）から、寒川《さむかわ》神社宝殿、箱根権現宝殿、六所明神、伊豆山権現、三島神社の再建を行って、領民の信頼を得るとともに相模・伊豆の統治者であることをアピールしている。

そして最後に、代替わりの政策の仕上げとして、大永3年（1523）に氏綱は一族の名字を「伊勢」から「北条」へとあらためた。

なぜ、先祖代々の名字を捨ててまで「北条」を名乗ったのだろうか。

「伊勢」という名字のままでいても、桓武平氏の流れをくむ由緒正しいものであり、決して格は低くない。それでも改称を決断した背景には、対抗勢力である扇谷《おうぎがやつ》上杉氏との立場的な違いによる劣等感があった。

当時の扇谷上杉氏は、正式に相模国の守護であることを認められた家柄であり、対外的にも「相模国主」としての格式を有していた。それに対し、新たに小田原へと移転してきた伊勢氏は、その勢力こそ秀でていたものの土着の勢力から見ればあくまで「他国の逆徒」、つまり「いけ好かないよそ者」として映る。実際、戦国大名の多くが在地性の強い国人領主から発展している点を考えると、一時は将軍のそば近くに仕えた早雲に始まる伊勢氏は〝京下り〟の大名という、同時代でも異色の存在であったに違いない。

そこで氏綱は、鎌倉時代に地元相模国におかれた鎌倉幕府の権威を持ち出した。

二代・氏綱時代の勢力範囲

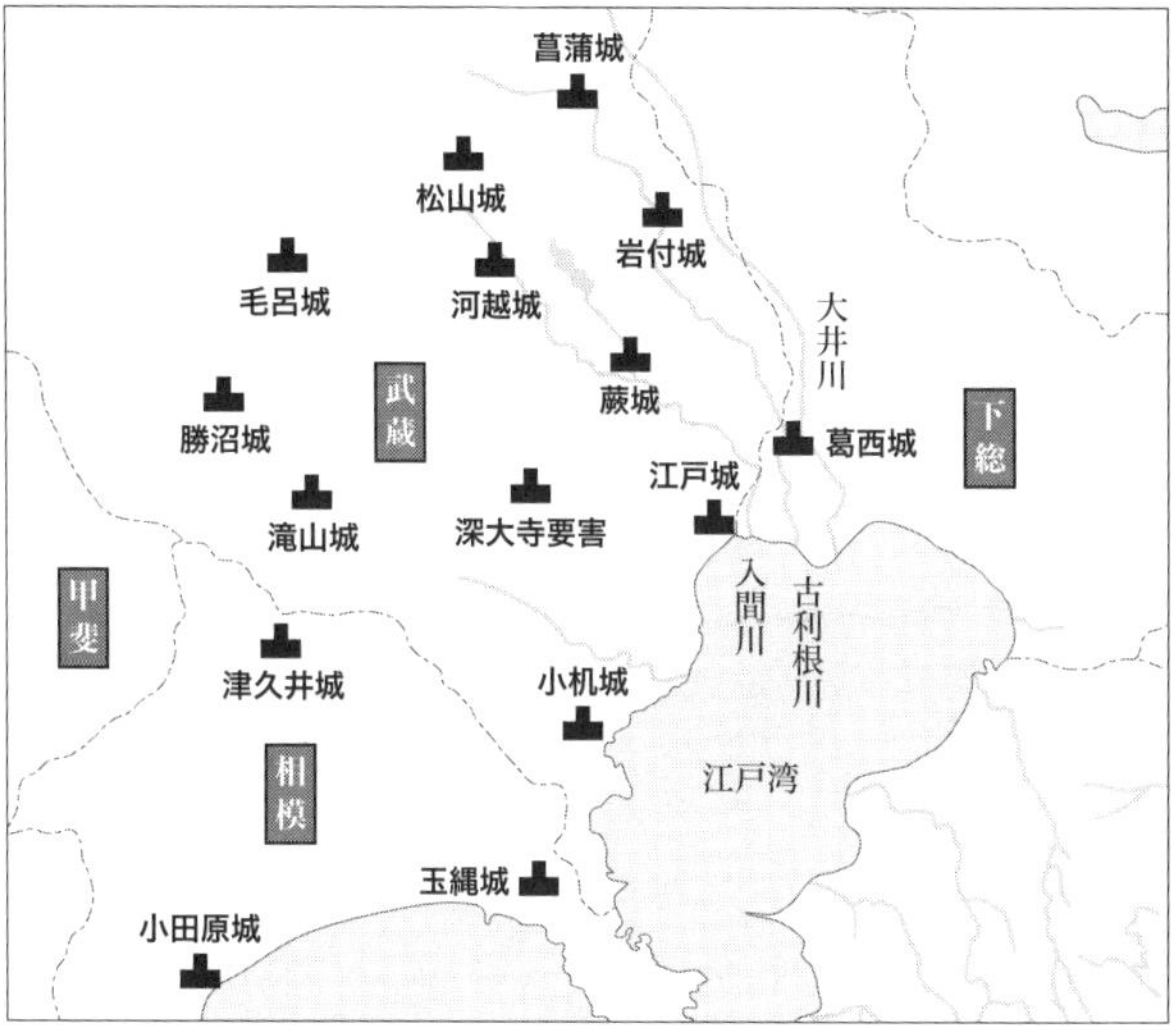

『図説 戦国北条氏と合戦』（黒田基樹／戎光祥出版）の図版を参考に作成

　ここでいう「北条」とは、いうまでもなく鎌倉時代に執権《しっけん》として将軍を補佐した北条氏（得宗《とくそう》）を指す。源頼朝の妻である北条政子は有名だが、その父である北条時政から世に出て、ついには執権として鎌倉幕府を実質取り仕切っていた一族のことで、この当時も関東では絶大なネームバリューを有していた。

　つまり氏綱は、前時代の正当支配者を名乗ることで「我々はよそ者ではなく、あの北条氏の後継者である！」という名目を掲げ、自分たちの正統性を証明しようとしたのだ。いわば〝社会的な血統〟を主張したわけで、今日でいう企業のブランディングにも通じるアイデアは、氏綱という武将の発想の先進性や柔軟性を強く物語るといえよう。

ブランディングという点では、北条改称と併せて行われた家紋の変更、すなわちCI（コーポレートアイデンティティ）の本格採用も忘れてはなるまい。早雲の代には「対《むか》い蝶」紋を使っていたのが、この時におなじみの「三つ鱗」の紋へと変えている。この三つ鱗もまた執権北条氏にちなむもので、その名の通り蛇の鱗をかたどった三角形を3つ重ねたシンプルなデザインだ。オリジナルの三つ鱗が正三角形が3つなのに対し、氏綱が用いたのは二等辺三角形が3つでやや上下につぶれたプロポーションになっている。

こうした経緯から小田原北条氏は時に「後北条氏」と呼ばれることも少なくない。まさに名を捨てて実を取るという改称の効果もあってか、北条氏は伊豆国や相模国のみならず、武蔵国南部でも次第に正統性を認知され、国衆の多くが服従するようになっていく。

両上杉氏、そして今川氏との抗争

これらの着実な布石により、領国支配の体制を盤石なものとした北条氏綱は、大永4年（1524）頃から扇谷上杉氏・山内上杉氏の攻略に着手する。

もともと北条氏と扇谷上杉氏とは、前述のように暫定的な同盟関係にあったが、おそらく北条氏として「相模の支配者」を大々的に名乗ったことで、抜き差しならぬ敵対関係となったのだろう。早雲そして氏綱が、武蔵国と相模国の国衆を服従させ、関東攻略を進めていく。これに危機感を覚えた扇谷上杉家の上杉朝良《ともよし》と朝興《ともおき》（朝良の甥で養子）は、前章でも触れたように長年敵対していた山内上杉家の上杉憲房と和解し、協力関係を構築。同じく北条氏と敵対関係にあった、甲斐の武田信虎（信玄の父）との結びつきも図り「北条包囲網」をつくり上げていく。

しかし、これを黙って見ている氏綱ではない。山内上杉氏との講和に向け、江戸城から河越城へと移動していた上杉朝興の隙を突く形で江戸城へ攻め込み、留守役を任されていた太田資高《すけたか》（道灌《どうかん》の孫とされる）を内応させて同城を攻略する。

太田道灌が築いた江戸城は、関東の流通を担う重要な拠点、すなわち隅田川、荒川(旧)、入間川（現在の荒川）が江戸湾に注ぐ河口の一角に立地する要衝にある。そのため江戸城の攻略は、内海そして内陸舟運の支配にも直結する流通経済と軍事の両面で戦略上の重要拠点を得ることを意味していた。その江戸城を氏綱が獲得したことは、両上杉勢にとって非常にショッキングな出来事だったはずである。

北条氏はここを拠点として、川沿いに武蔵国北部へと容易に達し、また内海を渡って下総《しもうさ》国への進出もできるようになった。以後、この地に「江戸衆」と呼ばれる家臣団を配置し管理にあたらせる。城代には、重臣の遠山直景を据えた。

氏綱の快進撃は止まらない。江戸を拠点に、入間川を越え、山内上杉氏だけでなく古河《こが》公方《くぼう》の城も次々と落としていく。朝興も河越城から戦線を後退せざるを得なくなり、北条氏の南関東制覇はもはや目前となった。

ところが、ここで上杉朝興が反転攻勢に出る。上杉憲房や武田信虎の協力を得て反攻に転じ、河越城を取り戻すと、次々に勢力圏を回復していく。その外交手腕によって、北条氏は完全に孤立。関東に強固な「北条包囲網」が形成されてしまう。以後、朝興方との戦では常に劣勢を強いられるようになり、さらに下総の里見氏らの参戦もあって敵地攻略どころか、自らの拠点である鎌倉や玉縄城を攻められるという始末だった。

だが、窮地に追い込まれた氏綱に対し、ここで武家恒例のトラブルが救いの手となる。お家騒動、家督争いである。

北条包囲網の一角、小弓《おゆみ》公方家（下総小弓にあった古河公方の分家）で内乱が起こり、これに連動して千葉の里見氏も分裂。当主の里見義豊《よしとよ》と庶家出身の義堯《よしたか》の抗争が始まったのだ。これを好機と見て氏綱は義堯の支援に走る。

一方、上杉朝興が義豊サイドにつき、上杉氏と北条氏の代理戦争という様相も帯びてきて、結果は氏綱と里見義堯の勝利に終わった。義堯が当主となった里見氏は、当然ながら北条包囲網を離脱。朝興方にとっては大幅な戦力喪失であり、氏綱はこれをきっかけに緒戦へ介入しつつ勢力を盛り返していく。

ところが、ちょうどこの時機に、氏綱に思わぬ敵が登場する。それはなんと、早雲以来の主家であり駿河国と遠江国《とおとうみ》（静岡県西部）を支配する、あの今川氏である。

もともと周辺に敵を多く抱えていた北条氏だが、西方の今川氏とだけは協力関係を維持してきた。今川氏と北条氏の関係は近隣諸国のなかで最も安定していたはずだったが、その安定した関係を壊したのも、やはり家督争いであった。

天文５年（１５３６）、今川家の当主である今川氏輝とその弟が同時に亡くなってしまい、後継者をめぐって「花倉《はなくら》の乱」が勃発したのである。

対立したのは梅岳承芳《せんがくしょうほう》と玄広恵探《げんこうえたん》。両者ともに今川氏親の息子でありながら僧名だったのは、当初は「後継者になる見込みがない」と思われていたためだ。

この争いに勝ったのは、梅岳承芳こと今川義元。のちに「海道一の弓取り」と呼ばれ、最期は桶狭間の戦いで織田信長に討ち取られる、あの義元である。義元が花倉の乱に勝てたのは、側近であった太原雪斎《たいげんせっさい》の働きが大きいとされているが、実は氏綱も全面的に支援している。義元は、北条氏という強力な後ろ盾を得ていたのだ。

しかしながら、義元は名門今川家の家督を継ぐと、氏綱の思いとは反対の方向へと大胆に舵を切る。北条氏と敵対していた甲斐の武田氏との関係強化に乗り出したのである。

氏綱はこの裏切り行為に憤慨し激怒。今度は、義元のいる駿河に向けて兵を送り、これまで連帯してきた両者は一転「河東一乱」という全面戦争へと突入していく。

天文6年（1537）2月、氏綱は駿河に向けて出陣し、富士川以東地域に進攻。実弟の葛山氏広をはじめ駿河の有力国衆を味方につけ、蜂起させる。北条氏と今川氏の抗争は領国全域にわたって展開された。義元は武田信虎の援軍を得て対抗するものの、合戦の多くは北条方の勝利に終わった。

この戦いの結果、河東地域は完全に氏綱の手に落ちる。これを少々深読みすると、義元の立場としては駿河国主としての権威を確立するため、あえて武田と手を結び、自国内の北条氏の影響力を排除したかったのではないだろうか。逆に、北条氏にとっては初代早雲の時代から続く今川氏との政治的上下関係を廃し、精神的自立を遂げた戦いであった。

打倒扇谷の悲願達成、関東管領北条氏へ

今川の反抗を抑え込んだ北条氏綱は、並行して扇谷上杉氏の攻略を進めていった。

この時期の扇谷上杉氏は朝興も亡くなっており、跡を継いだ上杉朝定《ともさだ》はまだまだ若い。この変わり目を好機と見て、北条勢は河越城近くの三木まで兵を進めていく。進撃してきた氏綱を迎え撃ったのは、朝定の叔父である上杉朝成。氏綱はこの合戦で見事に勝利をあげ、朝定は河越城の領有を諦め、近隣の武蔵松山城（埼玉県吉見町）へと撤退する。

この戦いは北条氏にとって、画期的な一戦であった。

なぜなら、河越城は関東平野のほぼ中央に位置し、関東で勢力を維持してきた宿敵である扇谷上杉氏の本拠地だったからだ。これを獲得したことで、一帯に扇谷上杉氏の衰退を知らしめ、同時に新興北条氏の実力をアピールする格好の機会となったのである。

翌天文7年（１５３８）には、氏綱は武蔵国東部の重要拠点だった葛西城（東京都葛飾区）をも攻略し、父の早雲の代からの悲願であった「扇谷上杉氏の打倒」をほぼ成し遂げた。だが、河越城の領有により下総地域へ陸路でたやすく進出できるようになった氏綱は、なおも手綱を緩めない。

続いて古河公方と小弓公方の対立に介入。古河公方の足利晴氏から「小弓公方の足利義明を打倒せよ」という大義名分を得ると、義明がいた国府台《こうのだい》（千葉県市川市）の地へ向かう。

天文7年（1538）10月、両軍は激突。いわゆる第一次国府台合戦と呼ばれるもので、氏綱は敵将の足利義明やその嫡男の義純、弟の基頼を討ち取る大勝利を収めた。主君のみならず縁者を次々と失った小弓公方足利氏は滅び、これにより長年にわたる公方家の分裂は解消された。そして北条氏は、絶大な権威を獲得するところとなった。

この功績により、氏綱は晴氏の御内書によって武士の最高の名誉職である関東管領《かんれい》に任命される。本来なら関東管領の任命は室町幕府の権限であり、また当時はその職に山内上杉家の憲政（憲房の子）が存在する以上、氏綱はなり得ない。だが、古河公方を奉ずる氏綱は事実上の管領として、その職を命じられた。この任命で北条氏は、関東において守旧派上杉氏に対抗する改革派としての実質的な政治的地位を得たのである。

こうして周辺勢力を実力で打倒していった北条氏は、いつしか関東最大の大名に成長していた。もはや、軍事力で北条氏を討ち果たせる勢力は関東には存在しなかった。

しかしながら、当時の関東管領は山内上杉氏が務めていたため、「2人の関東管領が存在する」という先例のない不安定な事態を迎えてしまったのも事実である。これまでの常識からしてありえないことだが、北条氏の関東管領という地位は公認され、これ以降北条氏は代々「管領家」を名乗っていくことになる。

さらに氏綱は、娘の芳春院を晴氏の正室とすることで古河公方足利氏と外戚関係も構築。北条氏は、なんと「足利将軍家の御一家」という地位にまで上り詰める。名実ともに、関東を代表する戦国大名となったのだ。

画期的な分権型領国統治〝支城制〟

こうして南関東を手中に収めた氏綱は、領国支配を強化するために画期的な体制を構築する。支城制と呼ばれる分権型の領国支配体制の確立である。

北条氏の領国は、氏綱の家督継承時は伊豆と相模の2カ国であったが、晩年には、武蔵半国、駿河半国、そして下総の一部まで拡大していた。氏綱はこの広がった領国に対し、地域ごとに支配の拠点となる城を取り立て、そこに行政権を委譲し、軍事力を配属。こうした城を「小田原本城」に対して「支城」と称した。この支城に一定の地域を管轄させ、その城主や城代に、それらの地域支配や軍事指揮を任せるという、領国内の地域分権ともいうべき独自の支配体制を整えていったのである。これが「支城制」である。

これにより小田原城を本城として、伊豆国の韮山城（静岡県伊豆の国市）、相模国の玉縄城（神奈川県鎌倉市）と三崎城・新井城（ともに神奈川県三浦市）、武蔵国の小机《こづくえ》城（神奈川県横浜市港北区）、江戸城（東京都千代田区）、河越城（埼玉県川越市）が支城となり、領域支配の拠点となった。その後、三代の氏康の時代になると領国の拡大に伴い、鉢形城（埼玉県寄居町）、滝山城のちに、八王子城（共に東京都八王子市）、松山城（埼玉県吉見町）、岩付城（埼玉県さいたま市）なども、支城の位置付けとなる。

氏綱は、これらの支城に北条家一門や伊豆入府以来の重臣を配置して、その領域支配権や軍事権の一部を彼らに委任した。こうした地域軍団を北条氏では「衆」と呼び、検地によって算定された知行貫高《ちぎょうかんだか》に応じて軍役（兵を出すこと）・普請役（築城などの公共事業に人夫を出すこと）・出銭（供出金を出すこと）が課された。その一方で、支城主・城代・郡代などの位置づけにより、域内の軍団の指揮および徴税や夫役《ぶやく》（領民に課す労役）をはじめとする一定の行政権が付与されていた。

具体的には、韮山城に伊豆の郡代である笠原氏と清水氏。玉縄城には氏綱の弟氏時、その後は三男の為昌《ためまさ》。三崎城と小机城は為昌、のちに氏綱の婿の綱成。そして、小机城は四男の氏尭《うじたか》。さらに江戸城には重臣の遠山氏。河越城については玉縄城の為昌が城代を兼ねた。また、検地によって増加した田地や公収した陰田（公には隠して耕作した田）、そして交通の要所には御領地（直轄地）を設置し、その代官には信頼できる側近を任命した。

このように、北条氏は小田原本城からの司令のもと、各支城で行政実務と軍事実務を実行するという地方分権のネットワーク組織を構築した。こうした領国支配体制は他の戦国大名には見られないユニークなものだ。北条氏独特の先進的な分権型領国支配体制であり、日本の地方分権改革の先駆けといっても過言ではない。

ちなみに、江戸や河越など支配領域の境界地域、のちの領域拡大に伴って武蔵の西・北部、下総、上総《かずさ》北部、上野《こうずけ》、下野《しもつけ》南西部、常陸南部は、北条氏に従属する国衆の勢力圏として「他国衆」と位置づけられ、こちらもやはり支城と呼ばれるが、当然そこには北条当主の権力は及ばなかった。

しかし、形の上だけでも支城という地位を与えたことは、彼ら国衆の領域支配権を担保しつつ従属させた点で、中国各王朝の羈縻《きび》政策（周辺国家の王や首長に官職を与えて域内支配を委ねる政策）やローマ帝国の領域支配に通じる、柔軟な統治形式と見ることもできるだろう。事実、これらの地域には、のちに養子・婚姻関係により北条氏に接収された拠点も多く、彼らは「支城領主」と位置付けられた。このようにいたずらに武威のみに頼らないしたたかな支配戦略があったのは間違いない。

こうした支城制に加え、氏綱は独自の改革として中世になり廃絶していた伝馬《てんま》制度を復活、領内における物資の流通・輸送網を整備している。伝馬制度とは、公用の書状や荷物を、出発地から目的地まで同じ人や馬で運ぶのではなく、宿場ごとに人馬を交替して運ぶ制度のこと。このネットワークを領国内に確立することで、情報や物流の活性化につながるのはいうまでもない。余談ながら、伝馬はまた駅伝制ともいい、この制度にちなむ陸上の駅伝競走において国民的人気の「箱根駅伝（東京箱根間往復大学駅伝競走）」が、北条氏ゆかりの地で行われているのは時代を超えた不思議な縁を感じさせる。

玉縄北条氏、久野北条氏と宿老家

支城制の話題が出たところで、その実際例として玉縄北条氏、久野北条氏そして宿老家による領域支配の実際を紹介しよう。

相模国玉縄城は、永正9年（1512）に北条早雲が扇谷上杉氏の要害を改修して築城された。歴代城主は北条氏の一族が務めており、玉縄北条氏とも呼ばれている。

玉縄城は、その成立以来、関東への進出および本拠地小田原の防衛の要として、北条氏にとって重要拠点であった。そのため城主には、早雲の次男であり氏綱の弟である初代氏時、氏綱の三男である二代為昌と、代々北条氏当主の子息が配置され、相模西部、三浦半島の軍事・行政の要衝としての役割を担った。

為昌の没後、玉縄城主の地位を継承した氏綱の女婿北条綱成の時期には、北条氏の領国拡大に伴い、玉縄城の戦略上の重要性は薄れていくが、綱成自身はその時々の前線拠点の城代を兼務し軍事面でおおいに活躍。氏綱の婿養子ながら「御一家衆」の立場で河越夜戦（第3章参照）の籠城戦など数々の合戦を戦い、朽葉色の地の四隅に「八幡」と墨書した「地黄八幡」の旗を掲げ武功を立てている。綱成のこうした役割は、その子である三代氏繁、孫である四代氏舜《うじとし》と五代氏勝にも引き継がれていく。

このように、玉縄城の戦略上の重要性は変化しても、その城主である玉縄北条氏が北条領国で果たした役割の大きさは変わることはなかった。北条氏の分権型の領国経営の模範ともいえるだろう。

そしてもうひとつ、玉縄北条氏とともに当時の北条氏にとってなくてはならない存在が、小田原の久野に居住した久野北条氏だ。これを率いたのは、早雲の四男であり氏綱の弟である北条宗哲で、仏門に入ってからは幻庵とも呼ばれている。

宗哲は、大永2年（1522）4月に出家したのち、第40代箱根権現別当《べっとう》に就任し、12年にわたり同職にあった。これは域内で幅広い信仰を集める箱根神社との関係構築を目指す、早雲の意向によるものとされている。

天文11年（1542）、武蔵小机城主であった甥の北条為昌が早逝すると、宗哲は僧籍のまま小机領を継承するなど、家中において当主に次ぐ枢要な存在となる。虎の印判とは異なる「静意」という独自の印判の使用を許されたのも、こうした宗哲の地位と役割を踏まえたものだろう。

その後は、北条の一門として合戦への参陣や領国支配で活躍する。天文4年（1535）の甲斐山中《やまなか》合戦、武蔵入間川合戦では、大将の重責を担った。永禄3年（1560）、当主氏康が退隠すると、宗哲も小机領を嫡子の三郎に譲るが、三郎に次いで次男氏信が死去してしまう。そののち、氏康の甥氏尭、氏康の子氏光、そして氏信の遺児氏隆と、小机城主はめまぐるしく代替わりが続くも、宗哲は実質的オーナーとして若い後継者を育て上げ、天正11年（1583）頃に第一線を退いた。正確な生没年ははっきりしないが、97歳という長寿を全うしたともされる。支城主という立場に留まらず、長きにわたり小田原の氏綱・氏康のアドバイザー、さらに北条一門の精神的支柱として五代氏直の時代まで存在感を示した。

宗哲はまた、家中随一の文化人・教養人とされ、武蔵世田谷城の吉良氏朝に嫁ぐ娘鶴松院《かくしょういん》に書き与えた「北条幻庵覚書《ほうじょうげんあんおぼえがき》」は、当時の婚姻儀礼などを伝える史料として名高い。また和歌・連歌を嗜み、古典の収集にも熱心であった。鞍弓、一節切《ひとよぎり》（尺八のような伝統楽器）などの制作にも長け、作庭にも才を発揮したとされる。

小田原にほど近い、久野の幻庵屋敷に居館址があり、土塁《どるい》や苑池、宗哲廟《びょう》と伝わる祠が残されている。「北条五代記」によると、「その死にあたっては手に印を結び、仏の功徳を唱えつつ即身成仏のさまを現じた」と記されている。

このように、僧であり、武将であり、一級の文化人でもあった宗哲は、小机城主という存在を超える、北条氏にとってなくてはならない重臣であり支柱なのであった。

さて、北条氏の結束力には、これら当主の一門としての「御一家衆」に加え、家臣団の存在も大きい。なかでも、譜代家臣として最も家格が高く実力を持っていたのが、松田・遠山・大道寺の御三家であろう。彼らは「宿老」（最古参の実力家老）と呼ぶべき存在で、北条御一家衆に準じた「一族」の家格にあった。

松田氏は、盛秀、憲秀、直秀、康郷《やすさと》、康長と代々北条氏に仕え、小田原衆筆頭として当主直属軍の主力をなした筆頭家老の家柄であり、北条氏とも姻戚関係を結んでいる。

遠山氏も、直景、綱景、政景、直景（同名の別人）の代々にわたり北条氏に仕えた宿老である。江戸城攻略後は江戸城代、江戸衆寄親《よりおや》（指揮者）を務め、葛西城の管轄も委ねられ、武蔵から下総の領国支配を任された。

大道寺氏も同じく、盛昌、周勝《かねかつ》、資親、政繁の代々におよんで北条氏に仕えた宿老である。こちらも相模鎌倉代官、武蔵河越城代、河越衆寄親を務めた名門家老であり、政繁の時代には上野の松井田城（群馬県安中市）城代も任されている。

この三宿老家は、早雲の時代から家臣となり、12を越える家臣団のなかでも代々先頭に立って北条氏を支え続け、運命を共にした宿老たちであった。

このような御一家衆と家臣団の連携、協力、チームワークによる結束力こそ、他の戦国大名には見られない特性といっても過言ではない。

北条水軍VS里見水軍

北条氏の領国支配において、陸上での関東進出と同様、海上をどう治めるかは重要な課題であった。つまり、駿河湾、相模湾、江戸湾、さらには伊豆七島を含む太平洋で海上交通の制海権を握ることが、領国発展につながるという戦略を抱いていたのである。いわば、シーレーンの確保であり、そのために早雲、氏綱の時代からシーパワー＝水軍を重視していたことを忘れてはなるまい。

伊豆半島では、古くから水軍、海賊が発生していた。延徳3年（１４９１）、北条早雲が伊豆国を平定し韮山城に拠点を置くと、伊豆半島の水軍、海賊は北条氏の傘下へと組込まれる。さらに、早雲が三浦道寸・義意《よしおき》の新井城を落城させ、旧三浦水軍を吸収し「三崎十人衆」として三崎周辺を領有させる。早雲はまた新井城の占領後に、南側の油壷湾に軍船を配置して軍港に活用。深い入り江で波も穏やかな油壷は、船団を配置するのに最適地だった。加えて、三浦氏の出城があった三崎城眼下の三崎湾も、北条氏最大の軍港となる。前章で触れた八丈島における権益確保も、こうした布石があってこそであった。

大永4年（１５２４）には、前述のように北条氏綱が扇谷上杉朝興を追い出して江戸城を占拠する。中世における平川（神田川）の河口部は深い入り江で、海岸線が江戸城の手前（日比谷公園）まできており、北条氏はこれを軍港としても利用していた。

一方、房総半島を有する里見氏は三方を海で囲まれており、安全保障のため古くから水軍を有していた。里見氏は、沿岸にいくつもの城を築き、その下に軍港を置いて海を挟んだ北条氏と対峙していたのである。ここに、戦略シーレーン防衛に重要な海上水域である江戸湾をめぐり、両者の緊張が高まるのは必然であった。

伊豆水軍と三浦水軍を取り込んだ北条氏は、水軍の強化を図るために紀州（和歌山県）の海賊である梶原氏を招き、知行役の免除などを条件に傭兵水軍として三浦半島に配置。梶原水軍は三浦水軍と連携し、北条為昌、綱成ら歴代の玉縄城主の指揮下で北条氏の主力水軍として活躍した。

弘治2年（1556）、北条家が氏康の代には、里見義堯の嫡男である義弘が勝浦から兵船80余隻を従えて三崎に攻め入り、城ケ島に陣を張る。北条方は梶原水軍に小田原からも加勢して対抗。海戦は里見方優勢に展開したが、その夜に暴風雨となり里見水軍の船が沖に流され退去。この三浦沖の海戦で北条方は難を逃れたが、軍船の数でも水軍の組織力でも、里見氏は北条氏を上回っていた。

一方、領国に海を持たない甲斐の武田氏も、永禄11年（1568）、駿河に侵攻して今川氏真を追放（第3章に詳述）。今川水軍と海賊を配下に治め、江尻城（静岡県静岡市清水区）下の清水湾を中心に駿河湾一帯を勢力下に入れて北条水軍を脅かし始める。

これに対し、北条水軍の大将である梶原景宗《かげむね》は長浜城（静岡県沼津市）下に水軍を結集し、天正8年（1580）春、ついに武田水軍と激突する。世にいう駿河湾海戦である。この戦で北条水軍は安宅船《あたけぶね》と呼ばれる大型軍艦で武田水軍を追い詰めるが、決着はつかなかった。その後、北条水軍は伊豆半島では、この長浜と下田の港を拠点として活動。最後は、豊臣秀吉の小田原攻めで豊臣方の連合水軍に撃滅される運命をたどることになる。

当然ながら、水軍は戦ばかりではなく、他国から出入りする民間船について積荷・乗員の確認や報告、税の徴収などを任務として行っており、港における北条氏領国への出入国管理も重要な役割のひとつであった。初代北条早雲の代から、伊豆半島、三浦半島、房総半島の海上権益を重視し、伊豆七島を含む太平洋沿岸に制海権を拡げた北条水軍の活躍と北条氏の戦略はあらためて評価されるべきだろう。

鶴岡八幡宮再興で関東の覇者を宣言

天文元年（1532）、関東の統治者としての権威を示すために、氏綱は一大事業に着手する。源頼朝が鎌倉に幕府を開いたこともあり、武家の崇拝を集め、武門の守護神として崇《あが》められていた鶴岡八幡宮の修造に取りかかったのである。八幡宮は、前述のように鎌倉合戦や里見氏の侵略など度重なる戦禍によって破壊され、放置されたままになっていた。

氏綱は、この大事業を実行するために関東の諸領主に奉加《ほうが》を求めたが、山内と扇谷の両上杉氏はこれを拒否している。修造工事は奈良の興福寺から番匠（宮大工）を呼び寄せて行われ、天文9年（1540）には上宮《じょうぐう》正殿が完成。氏綱はじめ北条一門臨席のもと、盛大な落慶式が催される。この修造事業は氏綱の没後まで続き、すべての完成は三代氏康の時代の天文13年（1544）まで10年以上の時日を要した。その内容は、神宮寺・若宮・弁財天の社・白幡明神・鐘楼・総門・玉垣・石橋をはじめ180間（約325m）の廊下まで、金銀をちりばめての華麗な修復であった。「常寂光土《じょうじゃっこうど》（仏陀が住まう浄土）の都や帝釈天の居城になぞらえられる」と記録されている。

鶴岡八幡宮はいうまでもなく源頼朝以来の東国の守護神、聖都鎌倉の象徴であり、その造営は同宮のスポンサーとしての外護者《げごしゃ》になることを意味していた。本来、造営を行うべき関東公方足利氏、関東菅領山内上杉氏、さらに相模国守護扇谷上杉氏らには、すでにいずれもその力はない。両上杉氏と対決を続け、これにとって代わることを目指していた氏綱は、造営を主宰し、ほぼ独力で遂行することで、自らの立場を正当化し関東一円に広くその権威を示したのである。

思うに、前述の通り「京下りのよそ者」というイメージがなかなか抜けなかった北条氏は、関東においてその支配の正当性を示すために、いろいろと苦心が多かったに違いない。もともと関東の地は、広大な平野とそれを潤す大小の河川に恵まれた一大穀倉地であり、そのおかげもあって各地に在地の武士集団（国衆）が多数割拠しやすい土地柄だった。そのうえに古来より、京の都から離れた自主独立の気風に満ち、また中央から左遷された官人も多く流れ着いた歴史もあるため、自尊意識が高く、悪くいえば閉鎖的でたやすく同調しないところがあったのは想像に難くない。

それだけに、途中からここへ割って入った北条氏としては、何としても自らをアピールする必要があり、そのことが得宗と同じ北条への改称や信仰の中心である鶴岡八幡宮の改修へと向かわせたのであろう。ともあれ、源頼朝以来の武門の守護神たる鶴岡八幡宮の再興事業を遂行することは、氏綱にとって鎌倉執権北条氏や鎌倉公方といった東国武家政権の政治的後継者を主張するに等しい大きな意味を持っていたのである。

勝って兜の緒を締めよ

鶴岡八幡宮の上宮正殿落慶式典が挙行された頃、領国内では再び不穏な動きが始まっていた。氏綱に敗れた扇谷上杉家の上杉朝定が、またしても山内上杉家の上杉憲政と手を組んで反攻の兆しを見せ始める。さらに、駿河の今川軍との戦いも長期化していた。そんな不安を抱えながら、天文10年（１５４１）の夏になって北条氏綱は病に倒れ、薬石《やくせき》の効もなく7月19日に死去した。享年55。

四十九日にあたる日には小田原中の高僧たちが集まって１０００部の経を１日で書写したといい、法会の終わりには氏綱自筆の草稿に基づいた、次のような願文が納められた。

「何事につけても愁いと悲しみが伴う。月日は人を待ってはいない。世は極めて速く移り変わり、死が訪れる。身分の高い者も死に、いやしい者も死んでいく。そうして皆、昔のことになってしまう」

実に味のある言葉であり、氏綱個人としての戦国の世を生きる無常観のようなものが見て取れる。

後を継いだのは、嫡男の北条氏康である。氏綱は若い氏康の将来を慮《おもんぱか》って、死の直前に「北条氏綱公御書置」いわゆる「五箇条の御書置」という訓戒を伝えている。含蓄の深い素晴らしい遺訓なので紹介しよう。

一、大将だけでなく、およそ侍は、義を専らに守るべきだ。義に違ったのでは、たとい一国や二国切り取ったとしても、のちの世の恥辱は、いかほどかわからない。天運が尽き果てて、滅亡しても、義理を違えまいとさえ心得おくならば、末世に到っても、後ろ指を指されることがなかろうと思う。天下の政治を執るほどの者でも、一度は滅亡の時期があった。人の生命は、僅かな間であるから、きたない心がけは、決してあってはならぬ。古い物語を聞いても、義を守って滅亡するのと、義を捨てて栄華をほしいままにするのとは、格別の違いがあるものだ。大将の心掛けが、このように、しっかりと定まっていたならば、その下に使われる侍どもも、義理を第一と思うものである。それにもかかわらず、無道の働きで名利を得た者は、天罰、ついにまぬがれないと知るべきだ。

二、侍から地下人《じげにん》や農民に到るまで、それぞれ不憫《ふびん》に思うべきだ。総じて人にすたりはないものだから、それぞれの才能によって人を活かして用いることを知っているのが、偉い大将というべきである。役に立つのも、立たないのも、大将の心掛け如何《いかん》にある。

三、侍は、それぞれ、その身の分限を守るのが良い。五百貫の分限で千貫の真似などしてはならぬ。大身のまねをしようとすれば、借銀がかさまり手もとが次第に詰まって、町

人や農民を踏み倒し、はては博打《ばくち》までするようなことになる。（後略）

四、万事について、倹約を守るべきだ。華麗を求めるには、下の人民からむさぼり取らねばその出所がない。倹約さえ守れば、下民を傷めずに、侍から地下人・農民にいたるまで富裕となる。国中が富裕となれば、大将も鉾先が強くて合戦の勝利疑いない。わが亡き父の早雲寺入道殿は、小身より天性の福人であると世間で評判した。それでこそ、天道の冥加《みょうが》を受け給うたのであるが、第一に倹約を守り、華麗を好み給わざる故である。一般に侍は良き伝統を重んじている。今風の考え方を好んでいる者は軽薄である、と絶えず申している。

五、手際のいい合戦をやって大勝利を得たのち、驕《おご》りの心ができて敵をあなどり、あるいは不行儀なことが必ずあるものだ。慎しむべきである。このようにして、滅亡した家は、昔からその例が多い。勝って兜の緒を締めよ、ということを忘れてはならぬ。

この第5条が「勝って兜の緒を締めよ」という有名な格言として今に伝わっている。

私なりにこの遺訓の各条項を要約してみると、次のようになる。

「義を大切にせよ。利害を捨てて条理に従え。公のために尽くせ」

「領民を大切にせよ。人材育成と適材適所を図れ」

「虚勢を張らず贅沢を慎み、分限を守れ」

「華麗を求めず倹約せよ。そうすれば国が豊かになる」

「勝利によって驕ってはならぬ。勝って兜の緒を締めよ」

こうして見ると、古めかしい文章ではあるが、どこか現代社会にも通じる真理を含んでいる。単なる処世術ではない、もっと意味の深い人間の生き方、指導者のあるべき姿を我々にも教えてくれている。


氏綱は自らの体験をもとに、武士の棟梁としての心構え、心掛けるべき訓戒を若き後継者の氏康に遺したのである。氏康は、この亡父の遺訓を座右の銘として、関東制覇と民主的な領国統治に邁進していく。そして、この遺訓も北条氏の家訓として代々受け継がれていくことになる。

先代の北条早雲の代で伊豆国、相模国を支配する勢力となり、続く氏綱の代には、さらに領国を拡大し、駿河国半国、武蔵国半国、下総国の一部まで支配を拡げた。しかも氏綱は、四方を敵に囲まれる状況のなかで、関東管領の補任《ぶにん》を受け、足利御一門まで家格を高めて、関東を主導する戦国大名に上り詰めた。

一方、領国統治においても、小田原を本城として支城体制の統治機構を築き、虎の印判状の普及、検地と税制改革、伝馬制の復活など行政の改革を推進して、領国支配を確立している。この為政者としての行政手腕も見逃せない。

スピードの速い戦国の世において、戦国大名は三代どころか、世に出て実質二代もたず滅亡・衰亡する例も数多い。実際、織田信長は一代、豊臣家は二代、武田もまた二代で事実上滅んでいる。それに比べ、北条氏綱の功績は、先代の北条早雲に勝るとも劣らないものであり、北条氏発展の基盤を築いた理想的な二代目といっても過言ではないだろう。

かくも傑出した後継が出たからこそ、北条氏は五代１００年の長きを得ることになったのである。

第3章

三代　北条氏康

戦国屈指の逸材〝中興の祖〟が支えた黄金期

周囲敵だらけの家督継承

北条氏康は永正12年（1515）、北条氏二代目の北条氏綱と正室の養珠院殿《ようじゅいんでん》の長男として誕生。嫡男だった氏康は、早くから後継者としての英才教育をもって育てられた。

初陣は享禄《きょうろく》3年（1530）6月。北条氏にとっては山内・扇谷《おうぎがやつ》の両上杉家と果てしない戦いを繰り広げていた時代であり、扇谷上杉朝興《ともおき》が重臣を武蔵国府中に派遣してきた際、これを迎え撃つ戦に出陣したものである。

この年、氏康は16歳で、戦場に出るのはむろん初めてだったが、玉川（多摩川）沿いの小沢原（神奈川県川崎市多摩区・麻生区）という場所で軍勢はいっせいに抜刀して斬り込み、縦横無尽に暴れまわったという。当時の戦いの定法としては、全軍で矢を射かけて弾幕を張り、しかるのちに白兵戦へ突入するところ、いきなり斬り込んだのだから、上杉方もさぞ驚いただろう。それも単なる奇襲と力押しだけでなく、若き氏康の巧みな指揮によって兵も馬も力を合わせて一度に襲いかかり、素早く引いては集散自在の大躍進。ついに、ひとところも負けることなく相手を追い散らした。

このように初陣の氏康は大将を任され、扇谷上杉氏を首尾よく撃退するという戦果を収めた。初陣というのは縁起を担ぐ狙いがあり、勝利が濃厚な戦場に送り出されることが多かったが、氏康の場合はとても楽勝の相手ではない。これは早くからその能力が期待されていた証であり、氏康自身それに十二分に応える堂々たる戦いぶりを見せたといえる。

天文４年（１５３５）、氏康は駿河の今川氏親の娘である瑞渓院《ずいけいいん》と結婚。これは、姻戚関係の構築で北条―今川ラインのさらなる強化を目指す、両家の思惑から実現したものだ。ところが前章で触れた通り、その直後に今川家では家督継承をめぐる花倉《はなくら》の乱が勃発する。結果、その内乱を治めた今川義元が甲斐の武田信虎と同盟し、天文６年（１５３７）以降は北条氏と敵対して東駿河で河東一乱を戦うようになった。

だが、それでも氏康は瑞渓院を離縁しなかった。そんな氏康の期待に応えてか、瑞渓院は後継者の北条氏政をはじめとする多くの子供たちを生み育て、この子供たちが以後の北条氏を支える基盤をつくっていく。戦国期における「理想の妻」とは「血をつなぐために多くの子（特に男子）をなせる人物」であり、この価値観からいえば瑞溪院こそ大名の正室としてこれ以上ない女性であったといえるだろう。

当然、妻の実家と対立しながらも離縁することのなかった氏康もまた、その懐の深さを称賛されるべきで、どこかホームドラマ的な家族の絆には心温まるものがある。事実、同じ今川家ゆかりの正室築山殿《つきやま》を迎えつつ、のちに長子の信康ともどもこれを殺すことになった徳川家康や、継室三条の方が生んだ長子義信を死に追いやった武田信玄の例を見ても、こうした夫婦・親子間の軋轢や悲劇は当時にあって決して珍しくない。この点を見ても、五代100年のうちに身内同士の骨肉の争いがほとんど皆無という、北条氏のユニークさがおおいに際立つのではないだろうか。

天文6年（1537）頃から、氏康は父の氏綱のもと政務への関与も見られるようになり、徐々に後継者として領国支配の一翼を担っていく。天文10年（1541）に氏綱が死去すると正式に家督を継承し、いよいよ北条氏三代目当主としての活躍が始まる。

氏康が当主の座についた頃は、父氏綱の活躍によって北条氏が名実ともに関東最大の戦国大名へと成長していた。しかし一方で、急速な躍進の代償として領域周辺には向かうところ敵ばかり、という厳しい情勢にあった。特に懸念されたのが、山内・扇谷両上杉氏とのなお続く対立である。先代の氏綱によって辛酸を舐めさせられてきた両上杉氏は、代替わりを好機到来とばかりに、執念深く北条氏の拠点へ攻撃を開始してきた。

両上杉連合軍の反攻で迎えた一大危機

氏綱死去から４年後、後を継いだ嫡男北条氏康は早くも一大危機を迎える。

天文14年（１５４５）７月下旬、駿河の今川義元が関東管領《かんれい》の上杉憲政と内通して挙兵。突然、駿河の北条領（河東地域）に進攻してきた。氏康も出陣したが、今度は甲斐の武田氏まで反抗して出陣してきたため、状況は不利であった。

その陣中で、氏康のもとに驚くべき知らせがくる。北条氏の支城となっていた武蔵の拠点である河越城が、両上杉氏の大軍によって包囲されたというのだ。河越城は前にも触れたように関東一円のほぼ中央に位置する要の城であり、そこを奪われることはこの上ない大きな痛手となる。しかも、そうなれば目前の戦いで駿河の今川軍と武蔵の上杉軍の挟み撃ちに遭う、という絶体絶命の大ピンチだ。

だが、ここで氏康は慌てなかった。

「北条軍の戦力では二正面作戦は戦えない。選択と集中で、どちらで戦うか戦略を立てなければならない」

そう決断した氏康は、武田信玄の胸に飛び込み斡旋を依頼し、今川義元との間で和議を締結。河東の領土を割譲し、どうにか和睦を成立させる。こうして氏康は、東西から挟撃されるという危機を西方で収め、東方へ大転戦を図った。まさに電撃的な作戦展開だ。

ところが、関東方面ではなんと氏康にとって妹婿である古河公方《こがくぼう》の足利晴氏が、山内上杉氏と共謀して兵を動員。扇谷上杉氏をも含めて三者が和睦し、同盟を締結する。武蔵国を北条氏から奪還するためになりふり構わず〝野合〟したのである。この際、先代の氏綱に関東管領の御内書を与えた本人である晴氏の心変わりは、いかにも唐突だった。

当初は氏康からの使者による説得もあって単に静観の構えだった。ところが、上杉方から「このたびの挙は、管領（上杉家）と公方様の君臣が合体し、早雲以来かすめ取られた御領国を回復、御代を安定させるため」との口車にまんまと乗せられてしまったのだ。

さらに三者は、一部の北条方の武将を除いて関東のすべての武士に号令をかけ、上杉憲政、上杉朝定、足利晴氏それぞれが自ら軍を率いて反北条の大連合をつくり、河越城を包囲する。この時の、関東諸大名連合軍はなんと約8万の大軍勢で、上杉憲政は城の南に陣を張り、上杉朝定は城の北、足利晴氏は城の東と三方から取り囲む。これに対し、河越城は猛将として名高い氏康の義弟、「地黄八幡」綱成が約3000の手勢で籠城するが、後《ご》詰《づめ》の救援がなければ落城は時間の問題であった。

今川氏との戦いを和議によって収めた北条軍は、本国の相模から約８０００の兵を率いて河越城の救援に急行する。これに応えるように、綱成率いる城兵は半年も耐え抜く。それを可能にしたのが平時から食料や武器類を十二分に備蓄しておくという、北条サイドの有事に備える準備態勢にあった。氏綱の遺言である「勝って兜の緒を締めよ」の精神に由《よ》ったのは間違いない。こうして戦況は膠着したまま天文15年（１５４６）を迎え、籠城側は「どうせ死ぬなら、せめて斬り込んで」との覚悟を決めつつあった。一方、攻囲する側の連合軍は長陣のせいもあって戦意は低下、軍律も緩んでいくなど、つけ入る隙ができていた。

こうしたなか河越に到着した氏康は、敵の士気の低下を読み取ったうえで偽りの降伏を装った詫び状を届け続ける。そこには、たとえ士気は低いながらも彼我の桁違いの戦力差を考え、無理押しをせず当初から奇襲を念頭に置いた氏康の深謀があったに違いない。

「綱成と城兵を助命してくれるならば、開城する。これまでの争いについても和議のうえ、我らは公方家に仕える」

この嘆願に上杉方は応じず、逆に北条方を攻撃する。これに対して氏康は戦わぬまま、兵を府中まで引いた。こうした氏康の巧みな作戦によって、連合軍は北条軍の戦意は低いと誤解して、いよいよ弛緩した楽勝気分が漂っていく。

しかし、この間に氏康はひそかに使者を用いて、城内の綱成と連絡。敵を油断させ、奇襲をかける作戦を伝えていた。使者に立ったのはほかならぬ綱成の弟で、氏康の小姓を務める弁千代、当年17歳。

「（綱成の身内である）自分であれば捕らえられて身を八つ裂きにされ、骨を粉々に砕かれても秘事を漏らすことはありません」そんな天晴《あっぱれ》な覚悟で決死の敵中突破に成功する。

奇襲！　河越城の合戦で両上杉軍を撃破

こうして、天文15年（1546）5月19日夜を迎える。氏康は自軍を4つに分け、一隊には戦闘が終わるまで動かないよう命じた。そのうえで自身は、残りの兵力を率いて敵陣に向かう。目前の河越城の周囲には敵方の兵が、それこそ雲霞《うんか》のように満ち満ちていたが、北条軍には「大敵を見て恐れず、小敵を侮らない」という早雲以来の武門の誉れを身に沁み込ませており、大軍に動じることもない。

月半ばを過ぎ、ようやく出た月に満月の頃の輝きはなく、そのうえ曇り空のはっきりしない空模様である。その時、氏康は兵たちにこう厳命した。

「鎧兜を脱ぎすてよ！」

　そうすれば、音も立たず敵に気付かれにくい。しかも重荷が取れて、大軍の間を一気に走り抜けることができる。北条軍は氏康の号令一下、両上杉軍に突入していった。

　時まさに午前０時、北条軍から敵陣へ槍が投げ込まれ、まったく予期しない敵襲を受けた上杉勢は大混乱に陥った。北条勢には、奇襲に際して「首を取ってはならない。そのまま捨ててしまうこと」との通達が行き届いていた。前にいるかと思えば後ろへ回り、四方に動いてひとところに固まらず、まさに神速かつ縦横無尽。両上杉方は主だった重臣をはじめ３０００人以上が討ち死にし、扇谷上杉軍では当主の上杉朝定が敗死。山内上杉軍でも、上杉憲政はなんとか逃亡したものの多くの重臣を失った。

　これを見て、今や遅しと城内で待っていた綱成軍は、城門を飛び出して足利晴氏の軍に突入していく。すでに浮足立っていた足利勢も、綱成軍の猛攻の前に散々に打ち破られ、まったく反撃できぬまま崩壊。一連の戦闘による連合軍の死者は、１万３０００から１万６０００人と伝えられており、北条軍の総数を上回った。

　これこそが、世に名高い「河越合戦」あるいは「河越の夜襲（夜戦）」と呼ばれる一戦だ。氏康の知略と戦闘力がいかんなく発揮され、北条方の大勝利に終わったこの奇襲戦は、毛利元就が陶晴賢を破った「厳島の戦い」（１５５５）、織田信長が今川義元を破った「桶

河越合戦の戦況図

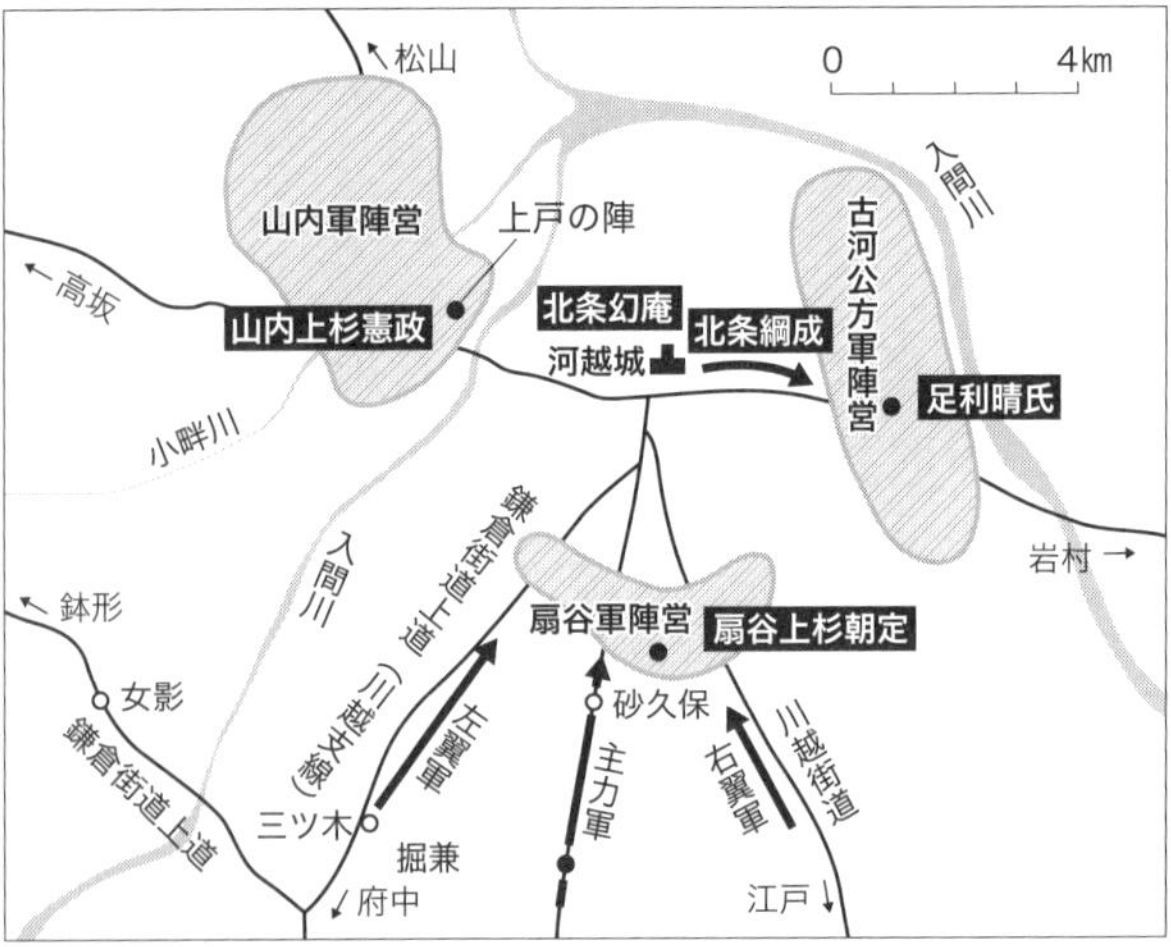

『北条氏康』（伊東潤・板嶋恒明／PHP研究所）

狭間の戦い」（1560）と並び、戦国の三大奇襲戦のひとつに数えられている。

この戦いの結果、当主の朝定を失った扇谷上杉家はついに滅亡。関東管領の山内上杉家も、その後急速に勢力を失っていく。からくも生き残った上杉憲政は、なおも劣勢挽回を狙って信濃（長野県）の村上義清らと上信同盟を結び、北条氏の攻勢に対抗しようと目論んだ。だが、逆に信濃侵攻を目指す武田晴信（信玄）との対決を余儀なくされ、天文16年（1547）の武田軍との小田井原の戦いにおいて再び多数の将兵を失ってしまう。

このような状況下、関東には上杉家を見限って北条方に鞍替えする国衆が相次ぎ、上杉憲政は居城の平井城（群馬県藤岡市）を追われ、長尾景虎（のちの上杉謙信）を頼って越後へ落ち延びていった。また、同じく敗北した古河公方の足利晴氏も、この直後に氏康に御所を攻められ降伏。ほどなく隠居している。後継には長男の藤氏ではなく、氏康の妹と晴氏の間に生まれた次男の義氏が据えられた。氏康は外甥の威光をもって、古河公方の人事も差配したのである。頼るべき親戚である北条家を裏切った代償は大きく、足利晴氏はその後相模の秦野に幽閉された。

一方、河越合戦に勝利した北条氏は関東南西部での勢力圏を拡大し、戦国大名としての地位をさらに強固なものとしていく。こうして、関東公方たる足利氏と、その執事たる関東管領上杉氏の権威と軍事力は決定的に失墜し、それに代わって新興勢力である戦国大名北条氏が大躍進を遂げた。それはまた、関東・東国において室町時代の古い枠組み（アンシャン・レジーム）が完全に消滅したことを意味している。

甲斐・相模・駿河による三国同盟締結

この時期になると多くの東国の戦国大名は、領国内への支配を確立して、さらなる領土拡大に向けていよいよ積極的に他国への侵出を始める。こうして大名領国の拡大が進むと、そこには当然のように領国同士の境界紛争が生じ、戦争や和睦や同盟といった多様な外交政策が模索されるようになっていく。

そのなかでも、最も大きな成果をあげた同盟といえば、北条氏と甲斐の武田氏、そして駿河の今川氏の間で成立した「甲相駿《こうそうすん》三国同盟」である。氏康は、隣国のライバルである信玄、義元との外交政策をより実効的な軍事同盟に進める決断をする。

戦国大名同士の同盟では、攻守軍事協定、相互不可侵など領土協定、そして婚姻関係が重要な条件となる。甲相駿三国においても戦争と和平を繰り返しながら、それぞれの条件を満たして同盟関係が成立。戦国の一時期、東国情勢に大きな影響を及ぼしていった。

それでは、三国のおかれた状況を概観してみよう。

まず、甲斐国である。天文10年（1541）、武田家では、当主信虎が嫡男である晴信（のちの信玄）によって駿河今川家へ追放される。信虎の娘定恵院《じょうけいいん》は義元の正室で義元は婿にあたる関係から、この追放には事前に義元と信玄の密約があったとの説もある。翌年、信玄は信濃の諏訪氏との同盟を破棄して侵攻。さらに天文13年（1544）に相模の北条氏との和睦を進め、翌年には前述のように北条・今川間の河東の乱を調停した。

今川氏との同盟関係は信玄への当主交代後も継続され、天文21年（1552）には、今度は義元の娘が信玄の嫡男義信に嫁いだことで同盟はいっそう強化。天文22年（1553）には、信玄の娘の黄梅院《おうばいいん》が北条家に嫁ぐなど和睦と婚姻により三国同盟の下準備が整う一方、背後の憂いをなくしたい武田氏は信濃を着々と領国化していく。

このように、武田氏が今川・北条との同盟関係に転じた背景には、信濃侵攻の本格化があった。この信濃侵攻においては、守護の小笠原氏や北信の国衆の村上氏との抗争が激化し、天文17年（1548）の上田原《うえだはら》の戦いにおいて武田氏は大敗している。こうした経緯もあって、信玄は今川・北条との同盟関係強化により、信濃侵攻を安定的に進めたいと考えたのだ。その先には、越後の上杉謙信との対決も視野に入れていたであろう。

次に相模国である。相模の北条氏は、初代の伊勢盛時（北条早雲）が今川氏の親戚であり、もともと近い関係にあった。第1章で触れたように早雲の姉北川殿は今川義忠の正室で、その嫡男氏親に早雲が仕えていたため、早雲が自立した後も同盟は続いていた。

しかし、天文6年（1537）に今川家の後継者争い（花倉の乱）に乗じて、今川氏は武田氏と結ぶことになる。この離反に対し、二代目の北条氏綱は挙兵して駿河東部に侵攻し（河東一乱）両氏と衝突。のちに和睦の道を選んだが、以後も緊迫した情勢が続いた。

甲相駿三国同盟

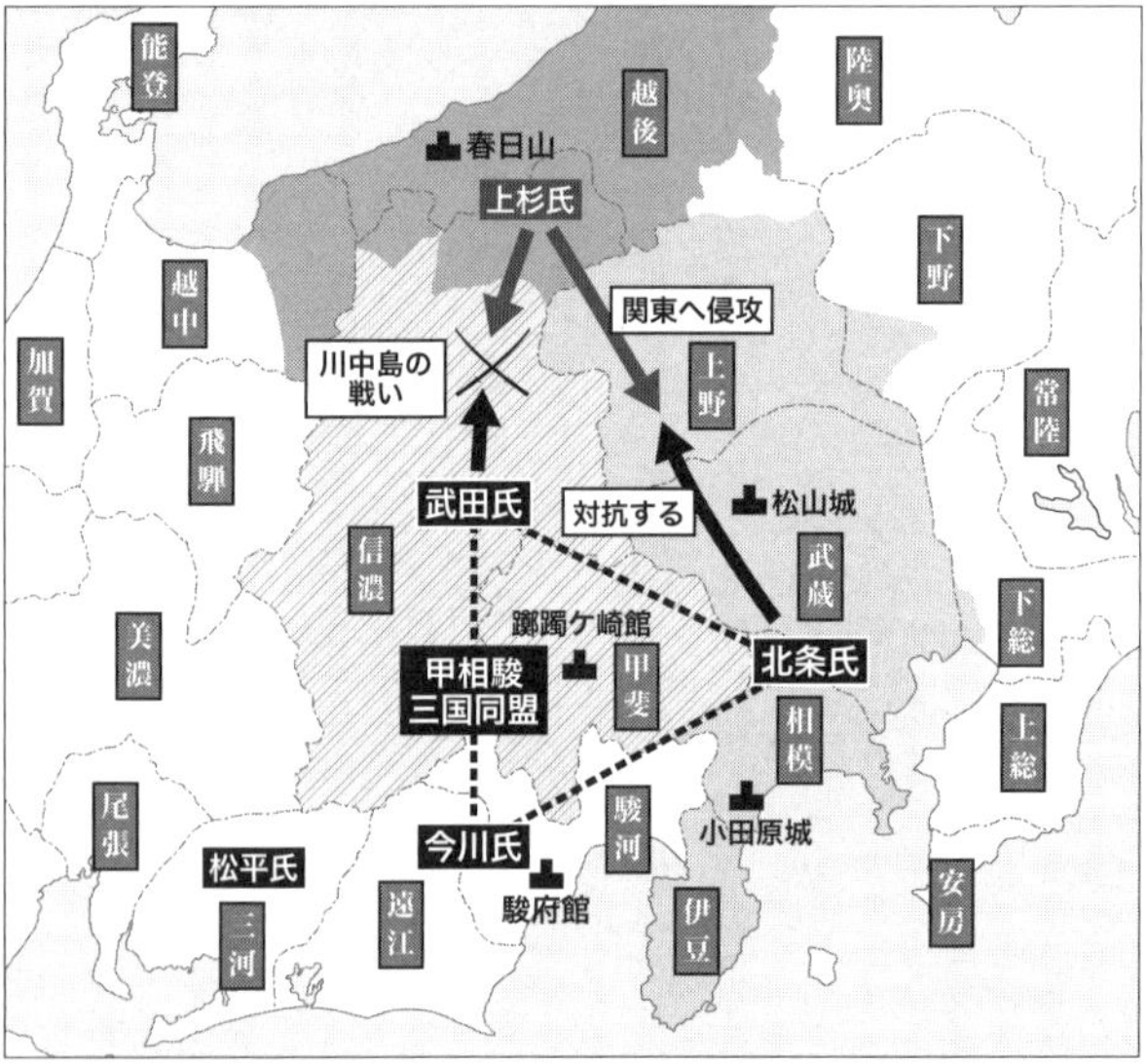

『図説 戦国北条氏と合戦』（黒田基樹／戎光祥出版）の図版を参考に作成

天文15年（1546）、北条氏は今川氏の東駿河侵攻に対抗するが、先述の通り両上杉氏による河越城包囲が同時に起こり、武田氏の仲介で今川氏と北条氏は停戦。そのお陰で、北条氏は河越城の戦いにおいて両上杉氏に大勝して、関東の覇権を握ることができた。関東制覇を目指す北条氏にとってはまた、北から関東を虎視《こし》眈々《たんたん》と狙う上杉謙信から防衛するためにも、西の武田氏や今川氏との関係悪化は避けたいという事情があった。

最後に駿河国はどうか。駿河

の今川氏は、今川氏親の代には北条氏との同盟関係を重視し、武田氏とは敵対していた。しかし、天文５年（１５３６）、氏親の死去によって後を継いだ義元は、武田氏と婚姻することで外交方針を転換。このため北条氏との対立を招き、東駿河の領土紛争に発展した河東一乱は、武田氏の調停によりひとまず沈静した。

その一方で今川氏は、遠江《とおとうみ》、三河（愛知県東部）へ進出し、尾張（愛知県西部）の織田氏とも対立。このように、東と西に敵を持つことは戦略上好ましくないと考えた義元は、武田・北条両氏との関係修復を求めていたのである。

このように、三者三様の戦略的な利害関係のなかから、三者の強固な同盟を求める戦略が一致して、同盟は合意に至った。さらにこの三国同盟は、当主である武田信玄、北条氏康、今川義元の息女がお互いの嫡子に嫁ぐという婚姻同盟としても成立したのである。

天文21年（１５５２）、今川義元の娘である嶺松院《れいしょういん》が武田信玄の嫡子義信に、そして北条氏康の娘の早川殿が今川義元の嫡子氏真に輿入れした。続いて武田信玄の娘黄梅院が前述のように北条氏康の嫡子氏政に嫁いだ。

三氏ともに、結婚適齢期の子がいたことが幸いした。当時はこうした政略結婚を前提として、当主は側室を置いてまでも多くの子どもをつくっていたのである。

同盟はどんな効果をもたらしたか

この同盟締結により、結果として三者はともに大きな利益を得ることになった。

武田氏は、信濃における覇権を確固たるものにするため、天文22年（1553）から始まる川中島の戦いで越後の上杉謙信との数次にわたる争いに専念することができた。この合戦では、やはり北武蔵や上野《こうずけ》において上杉氏と対決していた北条氏と相互に兵を出し、今川氏からも援軍が派遣されている。

もちろん、同盟による不利な点がなかったわけではない。今川氏と北条氏が太平洋側の三河から下総《しもうさ》までを支配しているため、武田氏としては日本海側に領地を獲得しない限り、直接海に進出できない。すなわち交易できないということだった。

北条氏にとっての利益は、まず駿河東部の領有権争いを収拾できたという点。それによって北関東や東関東をはじめ関東全域において平定を進めることが可能になった。また、今川氏との間では北条氏の領国が飢饉に陥ったときに救援米が届いたこともあった。

一方、不利な点としては、上洛する道を今川氏と武田氏に塞がれてしまったことだ。だが、もともと北条氏は上洛を強く志向しておらず、もっぱら関東平定を目指していたため、あまり大きなデメリットではなかったようだ。

今川氏では、新たに進出を始めた三河の領国支配を確立しつつあり、東側の北条氏と北側の武田氏と同盟を組むことで、当面の敵を尾張の織田氏のみに絞ることができた。将来の上洛を狙っていた今川氏にとって戦略上極めて有利となったのである。

このように、武田氏にとって太平洋沿岸への進出が事実上不可能になること、そして北条氏が将来上洛を企てたとしても陸路では難しいことを考えると、この三国同盟で最も有利になるのは今川氏だったのではないだろうか。事実、同盟締結に向けての交渉は、今川義元側近の太原雪斎《たいげんせっさい》というフィクサーによって積極的に進められていった側面が強い。

戦国期の同盟関係は、当然ながら外交上のテクニックという点が大きく、仮に締結されてもあっさり反故《ほご》にされたり、名前だけであまり機能しない例も少なくないが、この同盟では軍事面での相互支援も各所で見られたのが大きな特徴だ。

北条氏も、実質的に軍事的な支援を得ている。たとえば、永禄6年（1563）、越後上杉氏に与《くみ》した武蔵国の松山城と上野国の厩橋《うまやばし》城を攻撃する際には、武田勢の援軍と連合軍を組織し、陥落させている。また逆に、その2年前に武田氏と上杉氏の激突した第4次川中島の戦いの際には、北条・今川両氏は武田氏に援軍を出している。

この甲相駿三国同盟は、永禄11年（1568）に武田信玄が今川領に侵攻することで崩壊することになるが、締結から約15年の長きにわたって機能した。

では、この三国同盟はなぜうまく機能したのだろうか。

第1の要因は、三国の国力がほぼ対等で、当主同士が互いの力量を認めあっていた点だ。三国内で国力の差が大きく違えば、当然ながらトライアングルの均衡が成り立たず、バランスが崩れ、同盟は長続きしない。

第2の要因としては、互いの利害と戦略方針が一致していたことがあげられるだろう。この三国は、それぞれが背後に越後の上杉氏、尾張の織田氏といった油断のならない敵を抱えており、その対抗上、隣接する勢力とは良好な関係を維持し相互に支援することが極めて重要であるという点で、戦略的利害が一致していた。

そして第3に、ここが意外に重要な点だが、三国同盟の場合は一国が離脱した段階で自動的に他の二国と敵対することになるため、一種の〝恐怖の均衡〟から同盟が維持されやすいという利点もあった。すなわち、ひとたび同盟を結べば、いわゆる〝三竦《すく》み〟の状態になるため、おいそれとはこれを崩すわけにはいかなくなる。逆にいえば、甲相駿がひとつの運命共同体になるというのが、この同盟の大きな特徴でもあったのだ。

加えて最後に、三国の当主がほぼ同年代で、それぞれに結婚適齢期の男子・女子がいたことも幸いだった。つまり、政略結婚が有効に機能したわけで、実際、当初は今川氏との同盟に懐疑的だった北条氏が同盟に踏み切ったのは、武田信玄の熱心な斡旋による早川殿の今川家輿入れが強い後押しとなったからだ。

こうした好条件が重なって結ばれた同盟だったからこそ、戦国乱世のなかで三国間の複雑な利害を乗り越え、長きにわたり機能したのであろう。北条氏にとって、また武田・今川両氏にも外交力のピークというべき、白眉の大戦略ではあった。

上杉謙信との関東覇者をめぐる戦い

さて、北条氏の視点から三国同盟を評価してみると、武田・今川に対する憂いをなくし、関東攻略へ専心できるという利点に加え、〝宿敵〟上杉憲政をかくまった上杉謙信との全面対決に備えた対応策という面も有していたのは間違いない。実際、同盟締結と前後する天文21年（１５５２）には、謙信によって北条領内が攻撃されており、彼らとの抗争が眼前に迫っているという状況下にあった。

ところが、三国同盟を締結して、いよいよ上杉氏との対決を控えた永禄２年（１５５

9）、氏康は突如として家督を嫡男の北条氏政へ譲り、自身の隠居を表明してしまう。もっとも、この隠居は非常に不思議なものであった。なぜなら、当時の氏康は体調を崩していたわけでも、領国支配の気力を失っていたわけでもなかったからだ。

ならば、なぜ氏康は形式的な隠居を余儀なくされたのか。ひとつの要因としては、この時期に北条領内を襲っていた飢饉と疫病の流行という大きな危機があげられる。

氏康はこの危機対応に十分な対処ができず、形式上だけでも〝代替わり〟を行うことで責任をとったのであろう。そのうえで、新当主となった息子の氏政に「徳政令」（債権者に債権放棄を命じる法令）を出させることで、領民に対する救済を実行したのではないか。事実、この翌年には氏政の名において「領域に対する徳政令」が出され、領民の債務の免除や質として入っていた妻子・下人の取り戻しなど緊急措置が実施された。

このように、氏康としては形式的な代替わりを演出したに過ぎず、彼はこの後も「御本城様」として実質的な北条氏の当主であり続けた。事実、永禄3年（1560）から北条氏を悩ませる上杉謙信の関東侵攻は、基本的に氏康が中心となって対処している。

そもそも、上杉謙信と北条氏が争う直接のきっかけは、前述のように関東管領である山内上杉氏にあった。上野国平井城主の上杉憲政は、河越城の戦いに敗れて以来、もう一方の関東管領である北条氏康から圧迫を受けていた。武蔵から北関東に攻め込まれた憲政は、信濃の村上義清らと上信同盟を結び対抗するが、これが信濃侵攻を目指す武田氏との対決を招いてしまう。その結果、小田井原の戦いに敗れ、本拠の平井城も危うくなった。

追い詰められた憲政は、越後の上杉謙信（当時は長尾景虎）に支援を求める。もともと長尾家は山内上杉氏と同族の越後守護上杉氏の守護代だったのが、謙信の父為景の代に下克上を果たして事実上、越後の支配権を確立していた。憲政としては旧主の縁続きということで、謙信を頼ったのだろう。

実際、憲政の謙信に賭ける期待は相当に大きかったようで、のちには自らの養子として上杉の家と関東管領の職を継がせている。これには、謙信に打倒北条の大義を与えるという意味が大きく、それだけ北条憎しの想いが強かったということかもしれない。この時に上杉家を継いだ長尾景虎は、憲政の一字も与えられて上杉政虎を名乗り、のちに十三代将軍足利義輝の偏諱《へんき》を賜って輝虎に、さらに出家後は謙信を名乗ることとなるが、ここでは例によって話をわかりやすくするため謙信で統一する。

憲政の依頼を受けた謙信は永禄2年（1559）に上洛し、関白近衛前久《このえさきひさ》を奉じて関東管領の憲政を補佐すべく、北条氏討伐に動き出す。翌永禄3年（1560）8月には、北条氏康と交戦中の安房国《あわ》の里見義堯から救援要請を受け、越後勢８０００余りを率いて出陣。三国峠を越えて10月初旬に上野に侵攻すると沼田城（群馬県沼田市）を攻略、城主北条氏秀（前出の綱成の子、沼田家に入り康元を名乗る）を追放する。続いて岩下城（群馬県吾妻郡）、厩橋城（群馬県前橋市）を落とす。厩橋城を接収し関東攻めの拠点とすると、那波《なわ》城（群馬県伊勢崎市）を攻略、武蔵に南下して羽生《はにゅう》城（埼玉県羽生市）も陥落させた。

一方の北条氏康はというと、その頃、里見義堯の久留里《くるり》城（千葉県君津市）を包囲していた。しかし、この突然の上杉軍の襲来を知り、河越城を経由して9月下旬頃に松山城に入った。この対立のなかで、上野と武蔵の諸将は旧主である憲政および圧倒的な軍事力を見せる謙信のもとへ参集していく。

これに対して、常陸と下野の諸将の反応は鈍く、上杉勢のために動こうとしない。また、親北条氏の家老である原胤貞《たねさだ》が実権を掌握している下総の守護千葉氏の嫡男千葉胤富《たねとみ》も、北条氏に援軍を送り、上杉軍に加わることはなかった。

しかし、その後、関東各地の他国衆からの離反が相次ぎ、北条氏の擁する古河公方の足利義氏からの諸将への要請も奏功せず、北条側は謙信の進撃の前に劣勢に立たされる。

そこで氏康は、同盟する武田信玄に援軍と背後からの牽制を要請。さらには今川氏にも救援を求める。すると有難いことに、この年の5月に桶狭間の戦いで父義元を織田信長に討ち取られた混乱のさなかにもかかわらず、今川氏真は河越城に援軍を派兵してきた。

〝越後の龍〟謙信ついに関東へ来襲！

三国同盟が動き出したものの、謙信率いる遠征連合軍の勢いは止まらない。大ピンチを迎えた氏康は、松山城から小田原城へと退き、籠城策を選ぶこととなった。この選択には、むろんそうせざるを得なかった面はあるだろうが、それ以上に氏康らしい緻密な計算が働いていたのではないか。その証拠に、小田原勢が寄せ来る越後勢をどう迎え撃つか、城内での評定の際、氏康は次のように言ったという。

「あの輝虎（謙信のこと）は、生まれつきまっすぐな気性で、血気盛ん、怒りやすい。いざとなれば火中にも飛び込み、鬼でさえ押しつぶそうという短気な勇者である。が、少し時をおくと、その熱気も冷めて何ごとによらず思案するようになるらしい」

要は謙信のことを〝好漢《ナイスガイ》だが、熱しやすく冷めやすい坊や〟と読んでいたわけで、これを当の本人が聞いたらどんな顔をするかおおいに見ものである。一般に〝義に篤い〟とされる謙信の評価も、こうなると狡猾な憲政の誘いにうまく乗せられたようにも見えてきて、戦というものの本質を知っていた点では氏康のほうが一枚上手だったようだ。

そのうえで、氏康は「今のあいつは特に、憲政から管領を譲られ、軍勢を従えたので、周囲の目を気にしていっそう強気に出るに違いない。ひとまず軍勢を出さないで籠城し、敵の気力を削ぐことだ」と命じている。まさに、鋭い切っ先は避け、敵が気の抜けたときに討つという実に老獪な策とはいえるだろう。事実、この作戦は当たって、謙信はのちに自分がいかにしたたかな敵を相手にしていたか、思い知ることとなる。

氏康によるこの籠城作戦は各拠点でも徹底される。12月に入ると上杉軍に包囲された河越城、古河御所といった重要拠点、そして北条方の支城でも玉縄城の北条氏繁、滝山城の北条氏照や河越城の北条氏尭も徹底した籠城作戦をとった。

こうして永禄4年（1561）、厩橋城で年を越した謙信は、2月になるといよいよ上野から侵攻を開始し、古河公方の在所である足利義氏の本拠地古河御所を制圧。2月下旬に松山城攻略を経て、鎌倉の鶴岡八幡宮で勝利を祈願する。その後、湘南海岸沿いを進撃。とうとう藤沢、平塚を経由し小田原へと攻め込んできた。

この頃になると、北関東の諸将も結集。謙信は、旧上杉家家臣団も含め10万人を超える大軍となった遠征軍を率い、小田原城および近隣諸城を包囲する。3月3日頃に当麻《たいま》（神奈川県相模原市)、同8日には中筋(神奈川県中郡)に達し、14日には大槻(神奈川県秦野市)で、北条方の大藤秀信隊と激突。上杉軍はさらに南下し、22日に曽我山(神奈川県小田原市)、24日に怒田《ぬた》山(神奈川県南足柄市)でも戦闘が続く。謙信は3月下旬小田原近辺にまで迫り、酒匂川《さかわがわ》沿いに陣を張った。

小田原城は落ちず、辛くも得た〝勝利〟

いよいよ、本拠地小田原城での攻防が始まった。

先陣は上杉方の太田資正部隊が小田原城の蓮池門へ突入。迎える北条軍も主軸の松田・大道寺勢が粘り強い抵抗を見せ、たやすく侵入することはできない。結局、その後は両軍の対峙が続いたものの小田原城下での衝突は起こらなかった。上杉軍が挑発のため城下に放火をしても、北条方は城から打って出ることがなかったのである。

にらみ合いが続くなか、3月下旬には北条氏と同盟を結ぶ武田氏の援軍が、小田原とは目と鼻の先の甲斐吉田(山梨県富士吉田市)に到着。さらに、今川氏の援軍も近日出陣のための準備ができたと情報が入る。ここでも、鉄壁の三国同盟が動き出していた。

一方の上杉軍はといえば、この頃にはすでに長期布陣に対する不満が遠征軍諸将から出始めていた。越後勢本隊に加え、関東各地の武将配下の部隊が集まる混成軍であるが故に、統率力が弱い。そのうえ、大軍勢に供給する食糧不足、兵站《へいたん》不足で兵士たちのフラストレーションは日に日に溜まっていく。

当時、関東では前述のように飢饉が続発し、ただでさえ兵糧に窮していた。そのうえ、小田原方は機を見ては敵の背後へ回って補給路に打撃を与え、運ばれてきた小荷駄《こにだ》を奪ったりする。こうしたことが続き、上杉軍内部では長期にわたる出兵を維持できないとして、佐竹氏・小田氏・宇都宮氏が撤兵を要求。一部の諸将は無断で陣を引き払ってしまう。さらに松山城では上田朝直《ともなお》が反旗を翻すなど、参陣諸将の足並みが目立って乱れ始めた。

そうなると大将である謙信としては、当然のように苛立ちが高じてくる。自ら馬を走らせて懸命に士気を鼓舞しようと焦るが、もともと独立独歩の気風の強い関東の国衆たちにとって、そんな荒大将の過酷な指揮もまた嫌気のさす原因となったのであろう。

結局、陣営内のこうした統率の乱れもあり、謙信は小田原城を落城させるには至らなかった。玉縄城、滝山城、河越城、江戸城などの各支城も落ちることなく持ちこたえた。ますます困難になっていく状況のなか、ついに謙信は撤退を決断する。

こうして北条氏は氏康の指揮のもと、本城と支城が連携して徹底した籠城戦を戦い抜き、上杉連合軍10万の大軍を退けたのである。これは実に「勝利」といってもいい結果であった。敵の内実を正しく分析判断し、見事に危機を脱した氏康の軍事上のリーダーシップがさらに高まったのはいうまでもない。

4月初め、謙信は鎌倉に移り、関東管領就任式を執り行う。その際、謙信は関東管領として戴く古河公方に、自身が恃《たの》む近衛前久を迎え入れたかった。だが、京下りの関白に関東の諸将からの賛同が得られず、足利藤氏が擁立される。ここでも連合軍が一枚岩ではないことが露呈するが、謙信はそのまま鎌倉に数日間滞在し、諸将の参陣をねぎらった。

謙信はその後、越後へ帰還途上の4月、北条方へ寝返った上田朝直の松山城を再び攻略し、上杉憲勝を城将とする。古河御所には、足利藤氏とともに近衛前久がおかれた。こうして6月下旬には厩橋城をたち、10カ月に及ぶ関東遠征を終えた。

一方、武田信玄は北条氏支援のため北信濃に出兵し、5月に謙信の属城である割ヶ嶽《わりがたけ》城（長野県上水内郡）を落とすと、信濃の川中島に海津城（のちの松代城、長野県長野市）を完成。この城は川中島で信玄方とにらみ合いを続ける謙信方にとって脅威であり、謙信もまた川中島で対抗策を講じる必要に迫られる。さらに武田氏の扇動による一向一揆が越中で蜂起したため、以後の謙信は関東への動きをおおいに牽制されることとなった。

一斉検地に基づいた「小田原衆所領役帳」

さて、これまで述べてきたように、機を見るに敏であり、勇猛果敢に武功を上げてきた氏康だが、他方で領国支配を確立し、領民の暮らしを改善するためにさまざまな民政・内政改革にも取り組み、大きな成果を上げていく。

まずは検地だ。戦国大名にとって領民の農地の面積と収穫量を把握し、徴税の基礎資料とする検地は、最も重要な施策であるといっても過言ではない。検地といえば豊臣秀吉による「太閤検地」が有名だが、第1章で書いたように戦国大名として初めて検地を行ったのは北条早雲であり、二代北条氏綱に引き継がれて、伊豆国、相模国の検地を実施している。三代氏康も天文11年（1542）から2年をかけて、新たに領地化した武蔵国も含めた大規模な一斉検地を実施し、年貢徴収の基盤を構築した。

この時代、他の戦国大名はなかなか全領地に検地を実行することができなかった。領地内に在地の自立領主である国衆が多く割拠しており、検地の実施が互いの既得権益である徴税権を侵すことになるからだ。その点、北条氏は前述のように「他国から来たよそ者」出身であり、新興勢力であったがゆえに、地縁や血縁に縛られることなく検地を実行できた。新参者であるがゆえ、「しがらみ」にとらわれず思い切った改革を進めていく。これが、他の戦国大名には見られない北条氏の改革理念の基本といえよう。

　そして、長年にわたるこの検地の結果をもとに、氏康は画期的な基本台帳を考案する。永禄2年（１５５９）に各家臣衆の知行高《ちぎょうだか》と所領役を取りまとめて作成した「小田原衆所領役帳」「北条家分限帳」などと呼ばれるものだ。

　当時、北条家の家臣に課せられた所領役には、軍役（兵を出すこと）、普請役（築城などの公共事業に人夫を出すこと）、出銭（供出金を出すこと）が義務付けられていた。ここでいう所領役帳とは、家臣にこの３つの所領役を賦課するための基本台帳である。

　では、北条氏の家臣団はどのように組織されていたのだろうか。

　役帳の構成は、12の「衆」別に整理されている。すなわち、本拠地小田原の側近たちで固められた小田原衆、御馬廻衆、評定衆。そして、各支城を管理する玉縄衆、江戸衆、松山衆、伊豆衆、津久井衆、足軽衆などで、総勢５６０名の家臣団が組織されていた。

　台帳である所領役帳には、家臣それぞれの所領の場所（領地）とその貫高（所領高）を明記。そして、それらに比例して負担すべき馬、鉄砲、槍、弓、旗の数、加えて軍役として動員すべき人数も詳細に記載されている。この役帳によって家臣たちの貫高を基準にした平等な負担が明確になり、家臣団や領民の統制が円滑に行われるようになっていった。

これを言い換えれば、北条氏にとっては動員できる役力や労働力が事前に予測できるようになり、家臣の側も透明性や平等性が確保され、不満や疑心を招くことが少なくなる。集団を効率的かつ確実に動かすには、構成員の役割と相互の関係を明確にし、系統だった組織にまとめることが条件であり、その典型がいわゆる官僚組織であるのは間違いない。

氏康が考案した役帳とは、まさにこの官僚組織を構築するための基本となる数値データをまとめたもの。当時の戦国大名で、ここまでシステマチックな官僚統制組織を構想・実現したのは、ひとり北条氏のみである。このように機能的・機動的な官僚組織をつくり上げた氏康の先進的な発想力には、脱帽するばかりだ。

抜本的な税制改革で雑税を整理統合

氏康が次に取り組んだのは、税制の改革だ。関東全域に戦線が広がり、戦費が急増していくにつれて、当然それに対応する財源を探さなければならなくなる。しかし、闇雲に増税を行えば、それに耐えかねた農民の離散や逃亡を招いてしまう。これを欠落《かけおち》や逃散《ちょうさん》といい、そんな状態が続けば国の屋台骨を揺るがす結果にもなりかねない。

そこで氏康は天文19年（１５５０）、抜本的な税制改革を実行した。それ以前の北条氏の税制は、第1章で触れたように四公六民という他国に比べて領民に有利な年貢制度が主な柱であり、その他に諸点役《しょてんやく》という雑多な税が代官によって勝手に徴収されていたが、この雑税が領民には大きな負担であった。

氏康はこの諸点役を廃止し、田地にかかる貫高６％の段銭《たんせん》と、畑地にかかる貫高４％の懸銭《かけせん》という銭納の税（のちに物納）に整理統合したのである。ちなみに貫高とは、土地の収穫高を通貨単位である貫を用いて表したもので、石高に取って代わられるまでは、税を決める際の一般的な評価単位だった。

そしてもうひとつ、氏康は家屋にかかる税である棟別銭《むねべっせん》も定め、あるいは減額している。この段銭、懸銭、棟別銭の３つが北条氏の三税となって、簡素で公平・公正な税制に改革されたのだ。このように領国内一律に税を賦課することは画期的で、それまで代官が勝手に雑税を領民に賦課し、自らの懐に入れていたのとは大きな違いがある。

この抜本的な税制改正によって、北条氏にとっては税収が増えると同時に、領民にとっては恣意的に課されていた税の廃止で減税となり、透明性も高まって一挙両得となった。従来の代官による不公平な税の徴収という古い慣習を破り、北条氏と領民が新たな税制のもとに直接つながっていくことになったのである。もちろん、税務行政というのは優秀なスタッフがあってこそだが、それを担ったのも前出の家臣衆という官僚機構であった。

氏康の時代における税制としては、ほかにも凶作や飢饉の折の減税や年貢の免除が行われた記録があり、一部には段銭や棟別銭、国役まで免除されたケースもある。このように自らが決めた制度を柔軟に運用できるのも、土台となる徴税システムが確立していたからにほかならない。税制改革を断行することにより領民の負担を軽減しつつ、新たな官僚機構の活用で増大する戦費の調達という困難な課題を解決していく。氏康は行財政改革においても、極めて有能なリーダーといえよう。

評定衆と目安箱による民主的な司法制度

さらに氏康は、新たな司法制度の改革にも取り組む。それが、評定衆の創設と評定制度の整備である。

北条氏と評定といえば、いわゆる「小田原評定」が代名詞となっており、一般に「会議が続くばかりで結論が出ない」というネガティブなイメージを持たれている。しかしながら、それは反面、民主的な合議制を採用していた証ともいえる。「評定」という用語は鎌倉幕府に起源を持ち、幕府の立法、行政、司法の最高決定機関のことを指していた。これに対し氏康の創設した評定衆は、あくまでも訴訟を扱うという点で大きく異なるものだ。

氏康は領国内において、代官と領民の諍い、領民同士のトラブル、行政に対する不満や陳情などを法にのっとり公平・公正に対処する必要性を感じていたのだろう。その背景には、前にも述べたような中世における訴訟の頻発、とりわけ徴税や土地の所有にまつわる訴えの増加という面があったのは間違いない。

こうして氏康は天文23年（１５５４）、領内の訴訟を処理する機関として評定衆を組織する。評定衆は氏康の身辺を固める小田原衆と御馬廻衆を主体に構成されており、月に２回、重要案件を持ち寄って開催された。驚くべきことに、この評定衆に直訴できるのは、家臣、国衆、代官などの支配階層に限らない。一般の領民、すなわち農民、商人、職人、社寺に至るすべての領民に訴訟の機会が開かれていた。

その手段となったのが「目安箱」である。目安箱というと、これより２００年も後の徳川吉宗の「享保の改革」で用いられたことで知られているが、そのルーツは実は北条氏康によって始められた評定制度にあり、領民の不平・不満、トラブルを吸い上げる貴重な手段として考案された。

具体的には、目安箱（小田原城や支城の城門などに設置）に投じられた案件のなかから、原告と被告による争いごとが評定衆に上げられて審議。結果は裁許状という文書で勝訴者に伝えられる。裁許に際しては、案件に関わる証文が重視され、過去の判例や鎌倉幕府以来の武家の法典である「御成敗式目《ごせいばいしきもく》」などが参照されたそうだ。以後40年に及んだ評定衆の活動期間において、膨大な判例や関連法規が集積していたことは間違いない。

このように北条氏の評定制度は、訴状を提出するのに必要な特別の資格はなく、武士階級に限らず、寺社関係者やすべての領民に開かれた極めて民主的な制度であった。戦国時代という封建社会にあって、領民の末端の声まで汲み取ろうとする司法制度が整備されていたことは驚きであり、ここまでの民主的な仕組みをつくり上げた戦国大名は見当たらない。まさに、民衆を愛する氏康の民政改革の真骨頂といえるだろう。

虎の印判に象徴される「万民哀憐」の撫民政治

行政統治を円滑に進めるために、北条氏は発給文書に虎の印判を押して公式文書とする制度をつくった。これを発案したのは初代早雲で、実際に普及させたのは氏綱であることは前述したが、その背後にある北条氏の領民に対する姿勢について紹介したい。

戦国大名の発給文書には、花押《かおう》（署名の代わりに書いた記号、書き判ともいう）を用いる判物と、印判の押された印判状の2種類があった。このうち印判の押された文書の発給者は、大名や国衆といった特定の所領の統治権や支配権を持つ武士であり、配下の領民に対して恩賞の授与、領地の給付や取り上げ、軍役や普請役の要求、伝馬《てんま》などによる領国内の交通許可といった用途で用いられた。

北条氏の虎の印判は、二代氏綱が出した四カ条の法度《はっと》書の定めにのっとって発行されている。そこには「年賀以外の各種公事《くじ》は直接に虎の印判で申し付ける」「虎印判がなければ郡代・代官の命令があっても応じてはならない」「不法があれば直訴せよ」などと記されており、領民への不当な中間搾取の排除が大きな目的であったことは明らかだ。当時は郡代や代官が勝手に労働力の徴発や年貢の賦課を行い、領民は過重な負担を強いられていたが、この印判状を提示することで人々は不当な負担から逃れることができたのである。

実に撫民《ぶみん》的な政策であり、そんな北条氏の領民に対する姿勢を如実に物語るのが、氏康にまつわる「万民哀憐《あいれん》、百姓可尽礼」（万民を哀憐し、農民に礼を尽くすべし）なる言葉にほかならない。これは、氏康が師と仰ぐ箱根権現別当《べっとう》の融山《ゆうざん》（北条宗哲の後継）から書中で与えられ、前述の徳政令を発する決意を固めたきっかけになった一節で、北条氏の仁政の象徴として今なお語り伝えられている。

当初、氏綱による右の法度の施行に合わせ、北条氏の治める直轄地に直接かつ一度に多数の文書を下すために活用された印判は、氏康、氏政、氏直と四代70年以上にわたって襲用された。その間には用途も多様化し、直轄地のみならず家臣や寺社などの領地からの税の徴収、職人の統制、軍勢による不法行為の禁止などに広く拡大されていく。民政重視で知られる北条氏の政治姿勢を、何よりも体現するアイテムともいえるだろう。

虎の印判は当然ながら北条宗家以外には押せないもので、代々の当主はこれを常時携行していたという。まさに、北条氏が領土と領民の統治を行ううえで最高位に位置するものだったのだ。印判状に代表される民主的で公平な政治理念、撫民的な姿勢を貫いた北条氏こそ、戦国大名として傑出した存在であることは間違いない。

伝馬制度がつないだ領国内ネットワーク

小田原城から発給された虎の印判状は、確認されているものだけでも1100通近くが残っている。そのなかで文書の取次役である「奉者《そうしゃ》」の職名が見られるものは、氏康の時代から急速に増えている。これは、前述のように小田原城内での官僚機構が整備され、結果として各部局の担当奉行の職掌が明確になっていった結果であろう。

そこで次は、こうした行政情報や物資を迅速・的確に伝達する制度が求められる。伊豆、相模、武蔵、上野の４カ国を領有する戦国大名に成長した北条氏にとって、小田原城を中心として各支城と領内を支配するためのネットワークの構築が必要となってきたのだ。

その方策の第一にあげられるのが、第２章でも触れた伝馬制度の確立である。伝馬とは、宿場の馬に荷物を運ばせ宿場から宿場に転送する交通政策のことだ。原則的には人は乗せない。そのため宿場には常時、馬と口取り人足（馬子）を用意させる必要がある。

諸国の戦国大名のなかでも、前述のように北条氏の伝馬制度は最も早く、二代氏綱の時代の大永４年（１５２４）に開始。これをさらに充実させたのが氏康であった。

伝馬制度を利用するには、まず伝馬手形が発給される。伝馬手形とは、伝馬を使用する者に与えた使役許可書で、使役の年月日、私用か公用か明記し、仕立てる馬の数と使用賃金の支払額、使役する区間の宿場地名等を記載。その下には担当者名が書かれた一種の交通手形である。この伝馬手形に専用の印判の押された例が初めて見られるのが、氏康治世の永禄元年（１５５８）であり、伝馬制度の本格的な確立もその頃と見られている。

これによって、文書や荷物が宿場間をリレーし迅速に輸送されるようになった。まさに現代でいう郵便制度の原型が開発されたわけで、北条氏はこの伝馬制度により領国内の通信網と輸送網を構築し、領国の行政統治と経済発展を目指したのである。

楽市が実現した規制緩和と市場の振興

氏康や氏政の時代には、地域経済の発展のために商工業や流通業の振興にも取り組んでいる。そのためには、まず通貨対策や市場創設が必要だった。通貨の流通を活発化することはまた、迅速な兵器の調達や慢性的に不足しがちな兵糧米を買い付けるうえで、戦国大名にとって極めて重要な戦略という面もある。

銭の使用という場合、最初に考えなければならないのが税収への影響だ。前述の段銭や懸銭、さらには年貢についても銭による納税が定められていたため、質の劣る悪貨が含まれていると税の実質的減収をもたらしかねない。当時の流通銭には質的に大きなばらつきがあり、摩滅や破損などの度合いが少ないものを「精銭《せいせん》」、そうでないものを「悪銭」「地悪銭」と呼んでいた。そこで求められたのが、「撰銭《えりぜに》」といって悪銭などを捨てて精銭を選び取る仕組みと施策であった。

天文19年（1550）、氏康はそのための高札を立てる。「銭にはいろいろあるが、永楽銭にまさるものはないから、今後は永楽銭のみを使うよう」と命じたのだ。永楽銭というのは、明代の中国で鋳造され日明貿易などで輸入、流通した貨幣であり、一般の精銭より価値が高かった。この氏康による指示によって「関八州（関東8カ国）の市町では永楽銭を用いた」と記録にはあり、実際にどの程度の流通を見たかはわからないものの、少なくとも精銭レベルへの改善が図られたことは間違いない。

このように行われた通貨対策としての撰銭の徹底であるが、一方で貨幣交換の機会の少ない農民にとっては、悪銭も多く含まれる手元資産の価値を目減りさせる弊害も生むことになる。右の高札の立てられた年は、氏康が銭納の税制を創設した年であり、その点でも領民が納税のための良質の銭貨を得る環境を整えるべく、換金の場である市場を早期に整備する必要があった。

事実、この年の9月に武蔵国世田谷城の吉良頼康が領内の上小田中《かみこだなか》市場（神奈川県川崎市中原区）に接する泉沢寺《せんたくじ》門前の諸役を免除し商人の来往を促しているのは、こうした氏康の方針と連動してのことだろう。これは北条領国において開かれた最初の「楽市」となった。

楽市は織田信長の施策として有名だが、現代風にいえば「規制緩和による特区制度」のようなもの。商取引にかかわる税の免除や特定商人による市場の占有禁止などにより、誰もが自由な商いができた。関東では、信長以前にも北条領内でその萌芽が見られ、弘治元年（1555）に氏康が武蔵北野天神社（埼玉県所沢市）の市場で独占的な強制買い上げを禁止。その後、氏政の代にも相模飯泉山（神奈川県小田原市）や武蔵弘明寺（神奈川県横浜市南区）の門前市における諸役免除や不法禁止などを定めている。

市場の創設という点では、毎月6回の定例日を設けて開かれる「六斎市《ろくさいいち》」に人々が集まりやすいよう、重複開催を避けるための調整も行われている。これにより武蔵関戸郷（東京都多摩市）、武蔵世田谷新宿（東京都世田谷区）、武蔵高萩新宿（埼玉県日高市）、相模荻野（神奈川県厚木市）などで六斎市が開かれ、氏政・氏直時代にも発展していった。

実際には、これらの施策にもかかわらず悪銭の流通は劇的には改善しないまま。永禄年間（1558〜1570）には年貢や税の現物納への回帰が進むが、なお銭納とそのための市場交換の必要が消滅したわけではない。一方で、物納化が進んだ天正期における六斎市の盛況など、年貢の銭納のみでは説明できない部分があり、その背景には領民による塩、水産加工品、鍋、釜、農具など日常必需雑貨品の調達や、特産品、余剰農産物、縄筵《なわむしろ》、織物など手工業品などの交換の場としての市場の発展があったようだ。

ちなみに、東京都世田谷区で年末年始に開催される有名な「ボロ市」も、天正６年（１５７８）に北条氏政の「楽市掟書《おきてがき》」により世田谷城下で始まった楽市が起源である。小田原と江戸の間にある世田谷宿において、伝馬の確保のため宿場を繁栄させる目的があったといわれる。しかし、北条氏が豊臣秀吉の小田原征伐で滅亡し、配下であった吉良氏の世田谷城も廃止されたことから急速に衰えてしまう。ところが、その後も近郊農村の需要を満たすため、農具市として歳の市に形を変えて存続。現在では多種多様な品物が売買され、地域住民のほか観光客も呼び込んでの盛況を極めており、名物の「代官餅」が人気である。

北条氏の楽市による市場の振興は、今なお地域経済活性化に一役を担っている。

三国同盟から越相同盟、そして——

ここで、軍事面に話を戻そう。

永禄11年（１５６８）12月、武田信玄は突如として三国同盟を破棄し、駿河へと侵攻した。

なぜ、信玄はそんな暴挙に出たのだろうか。

きっかけはほかならぬ桶狭間の合戦にあった。永禄３年（１５６０）、上洛途上で織田信長により当主義元を討ち取られた今川氏は、後継の氏真の指導力不足で三河の徳川家康にじわじわと領国を侵食されていた。こうした事態に焦ったのが信玄である。
当時、衣料の原料になる青苧《あおそ》（イラクサ科のカラムシの表皮から採れる繊維）の交易でライバルの上杉謙信が莫大な富を築いていることを知った信玄は、かねてより海に開かれた国への進出を目指していた。川中島合戦の理由のひとつは、信玄の海への進出という野望にあったが、それも謙信の手強さを知って北進策は容易ではないと思い知らされる。

このままいくと、金山の枯渇によって財政の行き詰まる甲斐国は、戦費に窮して衰亡してしまう。念願の上洛の夢を果たすには、齢を重ねて時間がない。そんな焦りが、信玄に南進策つまり駿河侵攻を促したのではないか。

しかも信玄は永禄8年（1565）9月、織田信長と同盟を結んでおり、それがあれば三国同盟が破綻しても、今川・北条連合に十分に対抗できると読んだに違いない。

こうして、信玄は駿河侵攻を決断する。

突然の事態に、北条氏は盟約通りすぐさま今川氏への援軍を派遣。隠居した氏康に代わり当主の座にあった氏政は、小田原城を出陣して伊豆三島に着陣するが、直後に今川氏真は本拠の駿府館を攻略されて遠江懸川城（静岡県掛川市）へと後退する。その際、氏真の室である早川殿（氏康の娘）が輿《こし》もなく徒歩で落ち延びたと聞いた氏康は「この恥辱、そそぎ難し」と激怒。北条側は、宗哲の子の氏信を先鋒として河東地域一帯の制圧を遂げた。

この信玄の裏切りに対して、北条氏は外交政策の大転換を図る。

なんと、これまで対立と抗争を続けていた上杉謙信との同盟を画策。氏政の弟の氏照や氏邦らによる水面下の交渉を経て、翌12年（1569）正月から小田原在城の氏康が条件交渉を行うと、6月には同盟が成立する。「敵の敵は味方」の論理だが、戦国乱世は何でもありで、小田原の北条家臣も驚くような目まぐるしい展開だった。

この同盟は、越後（上杉氏）と相模（北条氏）から一字ずつ取って「越相《えつそう》同盟」と呼ばれている。同盟成立の条件は「関東管領の譲渡」「領土割譲」「養子縁組」の3つであった。

関東管領の譲渡とは、氏康と謙信の双方が関東管領と称していたところ、氏康がその地位を譲ることを意味する。領土割譲は、北条氏の領国となっていた東上野と北武蔵が焦点であり、上野は上杉氏の、武蔵は北条氏の領国として割譲することになった。そして養子縁組とは、氏政の子が謙信の養子となって、その名跡を継承するというものだ。

しかし、氏政の次男国増丸はあまりにも幼少であることから、氏康の末子であり氏政の末弟である三郎に変更された。三郎は上杉氏の本拠地である春日山城（新潟県上越市）に養子として入り、謙信から初名景虎を与えられ、上杉三郎景虎と名乗る。三郎はこうして、両国の同盟の証＝人質となって越後に入った。

こうして激動が続く元亀元年（１５７０）、氏康は大病を患う。一時は子供たちの顔も見分けられないほど衰弱し、その後、持ち直すものの翌年に再び病状が深刻化する。ついに元亀２年（１５７１）、57歳でその生涯を閉じたのだった。

氏康が亡くなったのを知った領民は、涙を流してその死を悼んだという。大名の死に際して家臣が悲しむことはあるが、その人柄を知る機会が少ない領民が涙したという例は少なく、氏康がいかに慕われていたかうかがい知れる。

墓所は、偉大な祖父早雲が眠る小田原を畏れ多いと避け、縁続きの古河公方の膝元である下総の地に会下《えげ》寺を建立し、そこに位牌を立てたとの説もあるが、実際は早雲寺内の大聖院を廟所として葬られたようだ（秀吉の小田原攻めの際に焼かれ、位置は不明）。

生涯36度といわれる戦いに不敗の武勇によって関東一円に領土を拡げ、体全体に７つ、顔に２つの向こう傷が〝氏康疵《きず》〟とも呼ばれたというほどの猛将。一方で、撫民思想をもってさまざまな民政改革に成果をあげ、強いリーダーシップをもって領国統治を成し遂げた北条氏康は、北条五代の中興の祖として事実上の黄金期を支え、戦国乱世でひときわ輝かしい光彩を放っている。

第4章

四代　北条氏政

結束して時代の荒波に立ち向かう北条一族

氏政を支えた、頼れる〝兄弟衆〟

北条氏政は、天文8年（1539）に北条氏三代当主北条氏康の次男として生まれたとされている。母は氏康正室の瑞渓院《ずいけいいん》。氏政には氏親という兄がいたため、当初は嫡男という扱いを受けてはいなかった。ところが天文21年（1552）に氏親が16歳の若さで亡くなってしまい、氏政が彼に代わって嫡男となる。歴代の当主候補が名乗る「新九郎」の仮《け》名《みょう》（通称）を背負った氏政は、その後、慣例通りに家督を譲られることとなった。

ここで注目したいのは、氏政を支えた「兄弟衆」の存在である。北条氏四代当主となってから、政治・軍事の両面で大きな役割を果たしたのが、氏政の4人の弟たち――すなわち、三男北条氏照、四男氏邦、五男氏規《うじのり》（氏邦と氏規の出生順については異説あり）、さらには異母弟で七男の三郎（上杉景虎）である。彼らは一族の結束の強い北条五代にあっても、特筆すべき絆によって当主の氏政を盛り立てた。特に氏照、氏邦、氏規の3人はいずれも氏政と同母の瑞渓院とされ（異説あり）、河東一乱での今川氏との抗争の折にも同家出身の妻を離縁しなかった氏康の決断が大きく実を結んだといっていい。

このうち、氏照は武蔵の重要拠点である滝山城（東京都八王子市）、のちに八王子城（同）

の城主として領国統治を支え、また武闘派として数々の合戦で武功を重ねた。幼少の頃、武蔵の国衆で由井城（東京都八王子市）の城主だった大石綱周《つなかね》の養子となり同城に拠ったが、永禄6（1563）～10年（1567）にかけて滝山城を築いて本拠を移動。当時はまさに上杉謙信との攻防が激しかった時期で（第3章参照）、氏照はその備えの最前線を任された形である。さらに、天正8年（1580）には八王子城を新たに築城して再び本拠を移すが、これは勝頼の代になってもたびたびの対立と抗争を繰り返した武田氏への対応という面が強く、氏政が氏照に寄せる信頼の大きさを物語るものといえるだろう。

本書の執筆にあたり、私（松沢）は北条氏の関東における主な支城址にも足を運んだ。なかでも滝山城は起伏に富む地形を生かした複雑な縄張りの痕跡がその堅城ぶりを偲《しの》ばせるものだ。一方の八王子城も広大な敷地をいくつもの曲輪《くるわ》に分け、その間を堀が走っていたという往時の様子こそ想像するほかなかった。しかし、一部復元された堅固な石垣の様子を見るにつけ、こちらも戦国城郭の傑作と呼ぶにふさわしい存在感であった。兄氏政の期待に応え、これだけの築城を重ねながら、その最期まで守り続けたという点を見ても、武将としての氏照の力量は破格のものだったことは間違いない。

氏照はまた領国管理においても才腕を発揮し、北関東から奥羽にかけての他国衆に対す

ŕる指南（取次や軍事指導などの役割）を多く務めたほか、越相《えつそう》同盟により古河公方《こがくぼう》に戻った足利義氏との取次を行い、その御領所の支配も行っている。

さらに、領内の殖産に力を入れた点も特筆すべきであり、古く万葉の頃から絹織物が行われていた八王子を中心とした一帯を、その一大生産地として発展させる。天正年間には八王子城下に紬座《つむぎざ》（絹織物の同業組合）を設置。いわゆる「桑都《そうと》」八王子はこれをきっかけに大きく発展することとなる。とりわけ同地と北関東そして神奈川（横浜）を結ぶ〝日本シルクロード〟は江戸末期から昭和初期という長きにわたり、生糸・絹織物の輸出ルートとして日本経済を大きく支えていく。そうした展開も当時の施策あってのことで、氏照の遺した恩恵は誠に大きいといわなければならない。

兄弟衆ではほかにも、武蔵国北部の鉢形城を預かりつつ、特に上野国《こうずけのくに》の他国衆に対する指南と同国への侵攻と支配に大きな役割を果たした氏邦。叔父にあたる為昌《ためまさ》（氏康の弟）の後継として三崎城を拠点に三浦半島を支配、のちには豊臣秀吉との外交に腕を振るい、小田原合戦においては伊豆の韮山城で激戦を繰り広げた氏規。さらに兄弟衆として直接の働きこそなかったものの、越相同盟により上杉謙信の養子に入り、のちに同家の家督争いである「御館《おたて》の乱」に北条氏が介入する際のキーマンとなった三郎（上杉景虎）も含め、

四代・北条氏政時代の勢力範囲と支城

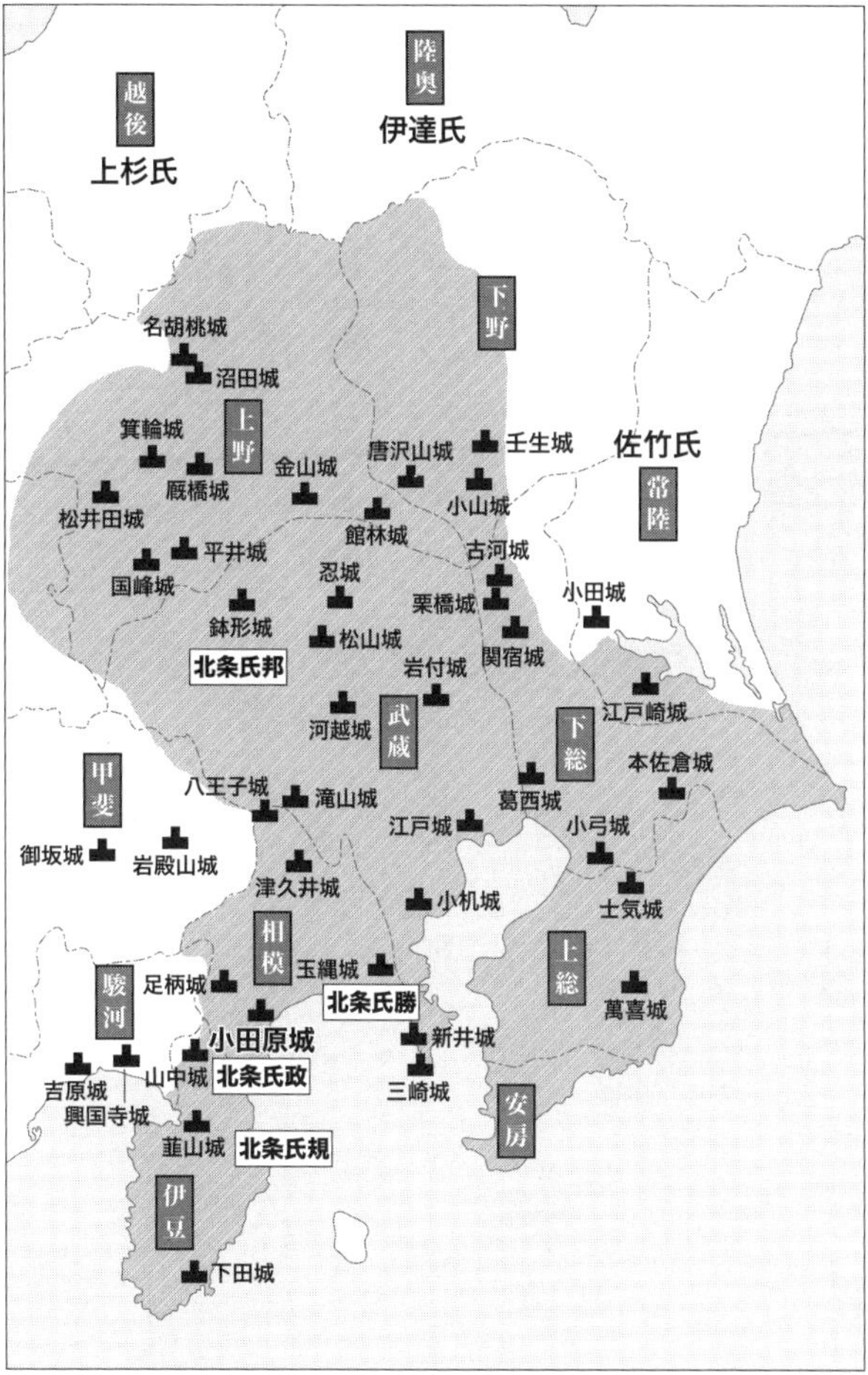

『戦国北条家一族事典』（黒田基樹／戎光祥出版）の図版を参考に作成

それぞれがおおいに活躍する。これについては、のちに詳しく見ていくこととしよう。

親子兄弟の対立で弱体化し、挙句に家を滅ぼす戦国大名も多いなか、このように当主を中心に兄弟衆をはじめとする御一家衆、そして家臣団の団結とチームワークで生き抜いていったのが北条家最大の強みであった。こうして氏政は父と母の残した兄弟たちとともに、猛者ひしめく東国でさらなる版図《はんと》の拡大へと船出していく。

甲越両国の間で揺れ動く外交戦略

永禄2年（1559）に氏政は父氏康から家督を譲られ、北条氏四代当主としての活動を開始する。

しかし先述のように、この家督継承は誰もが予期せぬものだった。その後もしばらくは氏康が中心となって政治・軍事を主導していく。氏康自身は「御本城様」と呼ばれ、この頃の北条氏の二頭体制は「小田原二御屋形《おやかた》」体制と称されている。

このように御本城様である父が健在とはいえ、そこは戦国乱世の時代ゆえ氏政の「見習い当主」も決して楽ではなかった。

永禄11年（1568）、突如として周辺のバランスが大きく崩れる。「甲相駿《こうそうすん》三国同盟」

を結んでいた武田氏が今川氏へ攻め込んで同盟関係が崩壊すると、実質的な家督継承直後の氏政は武田氏を切り、代々縁の深かった今川氏へ味方する道を選ぶ。その折、氏政は同盟の証として武田氏から迎えていた正室黄梅院《おうばいいん》を離縁して甲斐へ送り返しているが、これは先に記した氏康の瑞渓院への扱いとは対照的である。剛腹な父に対してあくまで筋目を重視する、見ようによっては潔癖ともいえる性質が少々気がかりだ。

こうして武田氏との対立が決定的になったのを受けて、氏政がとったのはすでに述べた通り「敵の敵は味方」という論理の越相同盟であった。ところが、この同盟に関しては「関東管領職の上杉氏への譲渡」や「上野の領土割譲」及び先に触れた「義弟の三郎を養子として謙信のもとへ送る」など、締結にあたって北条側が大幅な譲歩をしたにもかかわらず、肝心の信玄との抗争において謙信からは思うような支援がなかなか得られない。

結果として謙信に欺かれた氏政は、信玄の猛攻によっていきなり大ピンチへと陥ってしまう。

永禄12年（１５６９）９月、武田信玄は2万の軍勢を率いて甲府を出立する。

この出陣に先立ち、信玄はまず駿河方面に進出する動きを見せて北条氏の一部を引きつけ、そのうえで本隊を小田原攻めに向けており、そのあたりの軍略はやはり一筋縄ではいかない。こうして本隊は、武蔵国の北条方の支城を落とそうと北条氏邦が守る鉢形城へ迫るが、氏邦が籠城に徹したため深追いせずに南下。次は北条氏照が守る滝山城だ。ここでは激戦が展開されたが、守城側の氏照の巧みな防御戦術により、信玄の猛攻を防いでいる。そこには、戦力のいたずらな消耗を避けようという信玄の深謀もあったに違いなく、10月1日に至って武田勢は最終目的地である氏康と氏政が籠る小田原城を取り囲んだ。

当時の小田原城は後述する名高い「惣構《そうがまえ》」の着工前であったが、そこは上杉謙信が10万以上の兵力でも落とせなかった堅城である。武田軍はすぐには城攻めをせず城を包囲し挑発を続けるが、一方の北条軍はほとんど城から出てこようとしない。それもそのはずで、城内の評定では「籠城に徹し、ときどき軍勢を出して相手の疲労を待てば、必ず兵糧が尽きて退却するに違いない」との意見に、「もっともである、先年も輝虎入道（謙信）が命からがら退散しており、今度もあのようになるだろう」という声があがるなど、自城に対する信頼はすでに圧倒的なものがあったようだ。

そんな状況のなか、しびれを切らした武田勢はついに攻撃を仕掛ける。蓮池門を突破した先手部隊は城内に殺到したが、それこそが北条方の罠だった。武田部隊の侵入した曲輪は行き止まりとなっており、そこに北条勢から雨のように矢が降り注ぐ。多くの死傷者が出たのを見て、信玄はやむなく退却を命じざるを得なかった。

その後もにらみ合いは続いたが、信玄はとうとう撤退を決断する。武田軍は包囲を開始して4日後の10月5日に城下に火を放ち軍勢を引き上げた。このまま長期戦となれば兵站《へいたん》の確保が困難になるばかりか、背後に残してきた氏照や氏邦の軍勢、そして北条方の支城から後詰《ごづめ》が来襲する恐れがある。信玄はそう考えて判断したのであろう。

しかしながら、そこで戦いは終わらなかった。信玄の案じた通り、北条勢は引き上げる武田勢の追撃を図ったのである。有名な織田信長の「金ヶ崎《かねがさき》の戦い」の例を引くまでもなく、いわゆる「退《の》き口《くち》」すなわち撤退戦というのは、引き上げる側には不利、追撃する側には有利な戦いであり、北条側としてもこの機会を逃す手はない。

後詰であった甲州街道守備軍の北条氏照、秩父方面守備軍の北条氏邦の軍勢2万が要所である三増《みませ》峠（神奈川県相模原市緑区・愛甲郡愛川町）に着陣し、甲斐に帰国しようとする武田勢を迎え撃った。さらに小田原城からは北条氏政が2万余りの軍勢を率いて出陣。氏照・氏邦の部隊と氏政の本隊が武田軍を挟撃し、殲滅する作戦である。こうして、10月6日には武田軍と北条軍が山岳野戦で激突する。名高い「三増峠の戦い」が始まった。

北条vs武田――三増峠での激闘

戦いに先立ち、三増峠一帯では氏照・氏邦の部隊は先手を打って奇襲攻撃を仕掛けようと待ち構えていた。これを察知した信玄は自軍を3隊に分ける。襲い掛かる北条軍の攻撃を正面に受けつつ、1隊は北条方の出城である北の津久井城の抑えに、1隊は山中に隠れて北条軍を横から急襲する作戦をとったのだ。

10月8日、両軍は本格的な交戦の火蓋を切った。緒戦は待ち構えた北条軍の有利に経過する。山岳戦ではより高所にあるほうが断然有利であり、撃ちかける矢玉は面白いように武田勢に命中したであろうし、攻め登らなければならない側とすれば、これほど攻めにくいことはない。この間に、北条綱成が指揮する鉄砲隊の銃撃によって、武田家では重臣の浅利信種や浦野重秀が討死。勝利を確信した北条側は小田原へ早馬を走らせて一気に後方を突くよう催促するが、本隊の動きはなぜか遅く、絶好の勝機を活かせぬまま――。

やがて志田峠（三増峠の南西約1㎞）に機動した山県昌景率いる武田の別働隊が、より高所から奇襲に出ると戦況は一気に武田に傾いてしまう。浅利信種が戦死した左翼でも、軍監（大将に次いで軍の監督をする役目）であった曽根昌世が代わりに指揮を執って綱成の軍を押し戻すことに成功。一方の北条軍はといえば、頼みとする津久井城守備の内藤綱秀の部隊が、もうひとつの武田軍別働隊に抑えられて救援に出られない。ここへきて、百戦錬磨の信玄の作戦が大きくものをいってきた。

三方から攻めたてられて総崩れとなった北条軍は、南の半原山へ逃げ登るところを背後からの攻撃で多数の死者が出るありさまとなる。こうして緒戦では苦戦したものの、この合戦は最終的に武田軍の勝利に終わった。

小田原から追撃してきた氏政の本隊2万が、峠から約6キロの荻野（厚木市）まで迫っていたのはようやく合戦も終わろうとする頃であり、自軍の敗戦を聞きつけた氏政はここで進軍を停止。挟撃作戦はついに実現しなかったが、氏政の部隊があと半日でも早く到着していたら、武田軍は挟み撃ちにされて逆に大敗していた可能性もある。

この折の氏政軍の到着の遅れには異説もあり、ひとつはそもそも挟撃の作戦は考慮されておらず、緒戦の勝利に逸《はや》った三増峠の北条勢が急遽、氏政へ出馬を求めたためというもの。もうひとつは、信玄が撤退に際し「武田勢は鎌倉の鶴岡八幡宮に参詣するそうだ」とのうわさをばら撒《ま》いたため、追撃する氏政の本隊に油断があったとするもの。だが、撤退する相手への追撃は戦の定法であり、挟み撃ちの作戦が即席だったとは考えにくい。ここは、情報戦にも長けた信玄の謀略が図に当たったと見るのが妥当であろう。

ともあれ、自軍の勝利を見た信玄は軍勢を反畑《そりはた》（相模原市緑区）まで移動させ、勝ち鬨《どき》を上げると甲斐に引き揚げた。この三増峠の戦いは、戦場の高低差が勝敗に大きく影響した戦国時代最大規模の山岳戦として知られており、武田軍は追撃する北条軍を撃退したものの、重臣の浅利信種が戦死するなど失ったものも少なくない。事実、武田氏重臣の高坂昌信は、この合戦のことを「御かちなされて御けがなり（勝利はしたものの、損害もこうむった）」と悔しがり、遠征自体の必要性に疑問を呈している。

戦略的に見た場合、信玄の北条領侵攻の本来の目的は、これに先立つ駿河侵攻での優位性を確保するためにあった可能性が強い。すなわち、越相同盟への揺さぶりとともに、関東の反北条勢力への示威行動であるとする説である。その証拠に、上杉謙信は武田軍牽制のために信濃への出兵を誓詞血判で約束しながら、現実にはこれを果たしていない。

そこには、謙信の日本海側での越中国出陣という事情があり、さらに将軍足利義昭から武田氏との和睦を命じられ同年7月に成立していた「甲越和与《こうえつわよ》」の影響もあったはずだ。信玄としてはこうした情勢を見て、謙信による北条氏救援の出兵がないことを踏まえたうえでの北条領侵攻だったのではないだろうか。

結果として、武田軍による小田原城攻撃から三増峠の合戦に至る成り行きは、この2年後に北条氏が上杉氏と手を切り、武田家と再同盟する遠因になったとも考えられる。

さらに、信玄の小田原攻めにはもうひとつの戦略的な思惑もあった。先にも触れた、上洛の野望実現のために背後の北条氏を叩き、牽制しておくという目的である。その点を考えると、信玄としては狙い通りの結果を得られたのだろう。一方、氏政にとっても強敵信玄から小田原城はじめ関東領国を守り抜いたことは、関東の支配者としての権威確立を内外に示す結果となったに違いない。両者それぞれに、少なからぬ重みをもった戦いだった。

武田氏と和解、謙信の猛攻をしのぎ切る

謙信から期待した支援を引き出せず、信玄には戦で劣勢を強いられた氏政。そんな状況のなか、元亀2年（1571）、絶大な存在感をもっていた父氏康がこの世を去った。

偉大なる父の死を転機とし、ここで再び氏政は外交の大転換を決断する。同盟関係にあった2年余の間に有効な支援のなかった上杉氏を見限り、代わりに抗争中である武田氏との間に「甲相同盟」を締結。上杉謙信の不義理については、かねてから北条家中でも問題視されており、この大転換も氏康から氏政への遺言だったという説もある。

ただ、そこには複雑な状況判断があった。実は、氏政としては越相同盟はそのままに、新たに武田を加えての三国同盟を考えていたらしい。つまり、甲相駿三国同盟から新たな甲相越三国同盟への移行である。かつての甲相駿の同盟が約15年の長きにわたって安定していたのを見ていた氏政としては、三国同盟こそ堅固であると考えたのだ。

実際、この時点で駿河国を領有した武田信玄は西に目が向いており、三河の徳川氏、尾張の織田氏を抑えて上洛の野望を遂げたい。そのためには背後の安全を確保することが必要であり、北条・上杉両氏との同盟は歓迎であった。また、信玄からすれば、離縁されたとはいえ自らの娘である黄梅院が生んだ氏直が氏政の跡継ぎである点も無視できなかったに違いない。事実、この頃の信玄は次のように内意を示している。

「氏政殿は信玄の婿でもあり、他人とは思えない。駿河のことで思いがけず戦ったのは遺憾であるが、今もなおざりには思っておらず、できることなら元のように和睦して、以後は互いに加勢をし、親密にするのが当然だ」

一方の氏政にしても、上洛志向はないものの、急激に勢力を拡大する織田信長への警戒感は大きかったはずだ。これまでは東国での外交軍事政策のみを考えていればよかったが、信長が強大化したことにより全国規模での戦略が必要となってきたのである。

ここに北条・武田両氏の思惑は一致して、元亀2年（1571）12月、氏政と信玄は甲相同盟を再締結。そのうえで、信玄から謙信へ甲越間の同盟が打診され、これが成れば越相同盟も復活し、甲相越三国同盟が成立するという筋書であった。

ところが、事前に甲相同盟締結の連絡を受けていなかった謙信は難色を示した。北条・武田両氏への不信感が積もったこともあり、同盟を拒否したのである。謙信は事前の了承もなく武田氏との同盟に走った北条氏に対して、断交を通知。これが世にいう「手切《てぎれ》之《の》一《いっ》札《さつ》」である。

北条氏にしてみれば、同盟関係にありながら武田氏との戦いに何の支援もせず、約束を果たさなかった上杉氏に対する不信があったのはいうまでもない。それを乗り越えての要請であるにもかかわらず、情勢を観る目を持たない上杉氏がさぞ腹立たしかったはずだ。

こうして、越相同盟は有効に機能することなく2年余りで幕を閉じ、北条氏と武田氏との間で国境の策定および両国の相互不可侵を約束する甲相同盟が、あらためて締結された。

この甲相同盟の復活は関東全域の勢力図に大きな変化をもたらし、北条氏は関東で再び上杉氏に味方する勢力と対決。武蔵北部の木戸氏・深谷上杉氏・簗田《やなだ》氏らに対する攻略を進め、並行して佐竹氏・結城氏・小山《おやま》氏・宇都宮氏といった北関東の反北条勢力にも圧力を加えたことで、多くの敵を相手に戦いを強いられることとなる。

　こうした反北条勢力の救援要請に応じた謙信は元亀3年（1572）以降、再び関東へと侵攻を開始した。しかし、以後数年にわたりたびたび行われた謙信の南進に対しては、甲相同盟による武田氏の支援もあって首尾よくこれをしのぎ切り、氏政はその都度これを何とか追い返すことに成功。その後も、謙信の後ろ盾を得た里見氏・佐竹氏といった関東諸勢力との抗争は継続するが、天正3年（1575）頃にはそれまで猛威を振るっていた謙信の関東進出がほぼ収まり、この年を最後に謙信は関東の攻略を諦めることとなった。氏政はついに、謙信という強力なライバルの猛攻を乗り切ったのである。

　ところが、強敵謙信の脅威を退けたのも束の間、北条氏という強大な勢力に各個で立ち向かうことの困難さを痛感した北関東の諸勢力は、今度は常陸《ひたち》の佐竹氏を中心に「反北条」を合言葉に相互の姻戚関係を構築してしぶとく抵抗してくる。氏政の側も天正6年（1578）に、東北の伊達氏や蘆名《あしな》氏と連携する「遠交近攻」策をとって佐竹氏攻略を本格化させるが、反北条勢力の粘り強い抵抗に決定的な攻勢を仕掛けられないまま、にらみ合いの末に停戦しての退却を余儀なくされたのだった。

信玄の死によって変化したパワーバランス

一方、この間には氏政にとって大きな衝撃となる事件もあった。元亀4年（1573）4月、上洛の途上にあった武田信玄が病没したのである。

この一件は、信玄自身の遺言により3年秘匿することが命じられたとされる。事実、変事を察知して氏政が送った〝見舞い〟の使者に対しては、信玄の弟の逍遙軒《しょうようけん》（信綱）が影武者となって応対したとの説も残るが、さすがに長く隠しおおせるわけもない。信玄としては、自らの死によって甲相同盟が壊れることを恐れたという面もあったはずだが、後継者の勝頼は父の遺志に反して迷走を始めることになる。

思えば、織田信長が足利義昭を追放して室町幕府が滅亡したのを機に、元亀から天正へと改元がなされた1573年前後は、長かった戦国の世が終息に向かいいよいよ大きく変わり始めた時期であり、信玄の死はそれを象徴する出来事だったといえるだろう。

とりわけ大きかったのはパワーバランスの激変で、かつては畿内、北陸、東海、関東、さらに中国、四国、九州と地域ブロックごとの力がある程度均衡していた勢力図が、織田信長という強力な新勢力の台頭により、その均衡が崩壊。各地の戦国大名は、それまでのように自分たちのブロックのことだけを考えていればいいというわけにいかなくなった。いわば、日本国内において急激な〝グローバリゼーション〟が起こったとでもいえばいいだろうか。そこではもはや二国間はもちろん、三国間での地域安全保障的な同盟関係もかつてのような効力は発揮し得ず、それぞれのプレーヤー、そして各ブロックが、遠く離れた場所で起きた、あるいは起きようとしている出来事に左右され、翻弄されることとなる。そう考えると、あくまで二国ないし三国間の利益を第一とした展開に固執した北条外交は、この時期から少しずつ時代に取り残され始めていたのかもしれない。

北関東の反北条勢力に対するには、東北の諸将と結んでの遠交近攻策は戦略的に十分正しいとしても、外交的に〝その先〟を考えた方策とはいえない。多少とも広い視野としては後述する信長への接近策がようやくのことであった。これには、京を中心とした畿内から遠く、穀倉地として豊かな、一種の「独立王国」だった関東にあって、上洛よりも地域の安定と「万民哀憐《あいれん》」の国づくりを目指してきた北条氏の立場が大きかったともいえるだろう。

時代は戦国大名たちに、地域外交から全国規模の外交への変化とそれへの対応という新たな生存条件を突きつけており、氏政と子の氏直はそのなかで父たちとは違う苦闘を続けなければならなかったのである。

天下の堅城、小田原城と北条氏の街づくり

さて、ここで少し話を変えて、北条氏の本拠小田原の街づくりに触れておこう。

北条五代がつくり上げた小田原の城と街は、実に独自性に富んだものであった。

小田原城のもともとの城主は扇谷《おうぎがやつ》上杉家重臣の大森氏であり、初代の北条早雲がこれを奪取したものの居城とはせず、ここに本拠を移したのは二代氏綱であることは先述した通りである。氏綱は小田原城を本城と位置づけ、城と城下町の整備に着手。当時の氏綱は箱根権現や鶴岡八幡宮などの有力社寺の造営も進めており、京都や奈良から多くの職人を招聘し技術人材の確保を図っていたことも好都合であった。

城下町の整備は、京の街並みにならって吉方位を意識した地割を築き、それに沿って道や堀、水路を造り、整然と区画した都市基盤が張りめぐらされていく。具体的には東西に東海道、南北に甲州道という幹線道路が走り、その周りに碁盤のように道路、水路を交差させる。これが戦国期に小田原が東国随一の都市へと発展する基盤となった。

なかでも特筆すべきは、小田原用水の導入である。これは小田原早川上水とも呼ばれ、我が国最古の上水道とされる。水源は箱根の芦ノ湖から相模湾に流れる早川。その早川か

小田原城城郭総構全体図

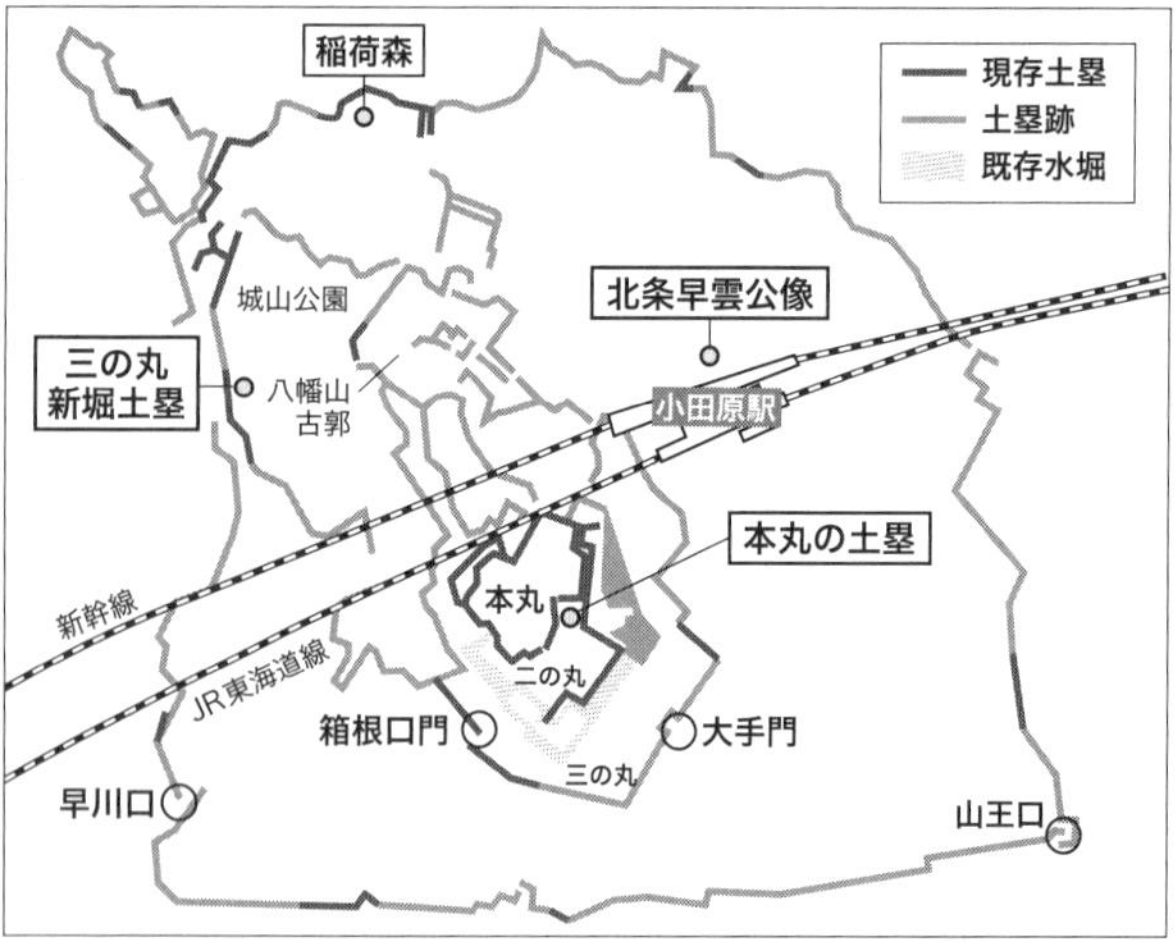

「小田原城総構を歩こう」（小田原城）を参考に作成

ら小田原近くで分水し、用水路に流して城内や城下町に供給していた。この上水のおかげで、小田原は水の豊かな街として発展していく。これは、氏綱による小田原城下の都市基盤整備の根幹事業として行われ、その先進的な街づくりには驚くばかりだ。

　当時の小田原がいかに優れた城下町であったか、氏康の時代の天文20年（1551）に訪れた南禅寺の僧である東嶺智旺《とうれいちおう》が次のような実見録を書き残している。

「小田原の町は整然として塵ひとつない小路が整い、東南には町の麓まで海が広がっている。また、当主の館は巨麗にして三方を大池に囲まれており、池は水をたたえ、浅深は測れないほどである。その水は芦ノ湖の水が引かれていると聞いて驚いた」

さて、難攻不落の堅城として知られる小田原城であるが、すでに記したように三代氏康、四代氏政の時代に上杉謙信と武田信玄に攻め込まれ、城を包囲されてしまう。幸い、当時も城の守りは堅く、守城側は籠城してこれを退けることができたが、その代わりに城下は略奪、放火されるという痛手を被った。

そうした記憶もあってのことだろうが、織田信長亡き後の〝天下人〟豊臣秀吉との対決姿勢を強めていた氏政・氏直父子は、小田原城の防衛体制を強化するための大普請を決行する。

城下町を丸ごと取り込んだ堀と土塁からなる、周囲約９㎞にも及ぶ防衛ライン「総構《そうがまえ》」を造営し、小田原城と城下町全体の要塞化を図ったのである。天正15年（１５８７）３月付の文書に「相府《そうふ》大普請」と記されたこの大規模な工事には、領内各地から人夫が総動員された。

全長９㎞もの総構は、箱根外輪山から延びる３本の尾根に沿って横堀と土塁を築き、海岸部には土塁のみを築く。丘陵部の堀切は、硬い粘土質の関東ローム層を60度前後の急勾配で堀を掘削し、その土により土塁を築くもので、深さなんと10mを超えるという空堀としては空前絶後の規模になる。

そして極め付きは、「障子堀《しょうじぼり》」と呼ばれる堀底に高さ1・5～2mの障壁を掘り残した空堀を築いたことだ。この障子堀によって堀に落ちた敵の横の移動を封じ、上から鉄砲や弓矢で攻撃できる。籠城戦に長じた北条氏ならではの専売特許であり、同じ構造は小田原本城だけでなく各支城築城の際にも導入された。

そもそも、小田原城は防御面で極めて有利な場所にある。西には箱根山と早川があり、東には酒匂川《さかわ》、山王川、渋取川が流れ、南は海に面している。防御を強化しなければならないのは北側だけだが、そちらもまた丘陵地帯で攻め手は兵力を集中しにくい。

こうした地形を利して、3本の尾根を横断する形で空堀を築き、障子堀とすることで敵の勢いを止めて防御する。これこそ北条氏が生み出した築城術なのである。しかしながら、のちの秀吉との小田原合戦では、北条氏が降伏開城してしまったので、その秀でた築城技術の有効性を実証することはできなかった。

小田原合戦の時点では、惣構を含む小田原城の規模（総面積）は全国最大であり、攻守に優れた設計は画期的なものだった。このように、北条氏の城郭の特質は類《たぐい》まれというべきもので、小田原合戦に参戦した豊臣方の武将ものちに国元の城で採用するなど、日本城郭史上に大きな影響を与えている。

半面、あまりに大きく、堅固で、優れた城を持ったことは北条氏をして、戦略上のマイナスを招いたことも否めない。先にも述べたように、家中には、強敵である謙信・信玄をともに籠城により退けたという成功体験による自信過剰で、城さえあれば大丈夫という、いわば「こもの頼みの固定観念ができていたのではないか。第6章に述べる小田原合戦での敗因もその点に求められるかもしれない。その際に勝者となった豊臣氏もまた秀吉の死後、大規模な総構を誇る大坂城に頼った挙句、滅亡を迎えたことを思うと、歴史の皮肉を感じずにはおれない。

「御館の乱」——上杉の後継争いと勝頼の離反

話を氏政の戦いへ戻そう。前述の通り北条氏が北関東勢力の攻略に一進一退の苦戦を余儀なくされるなか、越後の上杉氏に一大事が起こる。天正6年（1578）、大黒柱である当主謙信が急死。その後継争いから「御館の乱」と呼ばれる内紛が勃発したのだ。

武勇知略に優れた謙信であったが、あいにく後継となる実子に恵まれず、2人の養子が家督の座を狙う。ひとりは分家である長尾政景の息子の上杉景勝、そしてもうひとりが先の越相同盟の折に上杉家に入っていた氏政の異母弟の三郎あらため上杉景虎である。謙信にとって景勝は甥（姉の子）にあたる間柄だったが、青年時代に政景と対立した経緯もあって景虎を頼りにし、家中でもこれを後継と目する向きが強かったようだ。だが、景勝が公然と謙信の居城であった春日山を押さえたことから、俄然対立が先鋭化することとなった。

この事態に、城下の「御館」（以前、関東管領上杉憲政を迎えた際の居館）を陣とした景虎は実家の縁を頼って氏政に救援を要請。氏政はすぐさまこれに応じる構えを見せるが、現実としては北関東制圧に手を焼いている最中でもあり、本格的な救援を行う余裕はない。

それでも弟の頼みを邪険にできない氏政は、同盟関係にあり信玄の後を継いでいた武田勝頼に出兵を要請する。この3年前、天正3年（1575）の「長篠の戦い」で織田・徳川連合軍の鉄砲隊に大敗を喫していた勝頼は、外交の立て直しのため北条氏との同盟強化を図り、氏政の妹である北条夫人（桂林院）が輿入れを果たしていた。

氏政はまた、弟の北条氏邦らに命じて上杉方の北条《きたじょう》高広や長尾憲景といった勢力を調略し、北条軍先鋒として越後へ派遣。先鋒の戦力は景虎方の諸将とともに戦を優位に展開し、越後上田荘まで侵入した。そこで氏政は現状で確保している拠点の維持を命じるとともに、翌年の氏政自身による出兵を約束する。

ところが、ここで景虎と氏政にとって想定外の事態が起こった。なんと、氏政が出兵を要請したはずの武田勝頼が、独断で上杉景勝と和議を交わし甲斐へと帰国してしまったのだ。勝頼の急な変心は、景勝方から提示された多額の資金と上野一国を割譲するという条件に目が眩《くら》んだためともいわれ、甲相同盟はもはや無きに等しいものとなる。

景虎と氏政にしてみれば、盟友が突如として中立を表明した形となり、劣勢は決定的になってしまった。そのうえ冬季に突入したことで、北条勢は雪のため退路が断たれるリスクも抱え、攻勢が大きく鈍らざるを得ない。この機を逃さず、景勝は翌年になると形勢を逆転。景虎方の城を次々に落としていき、平城で守りの手薄な御館を追われた景虎は逃亡の果てに自害する。こうして、御館の乱は景勝の勝利に終わった。

氏政としては弟の危機を救えなかった以上に、上杉氏との関係を大きくこじれさせる手痛い敗北である。加えて、景虎が滅んだことで越相同盟が完全に失効。これを受けて、北条側が締結時に上杉氏に譲った上野地域の領有権の帰属を主張したため、ここを景勝から譲られた勝頼との間に領有権をめぐる不和まで生じてしまう。景勝の身勝手な領地割譲と目先の利に走った勝頼の背信に、氏政の心中は怒り心頭だったことはいうまでもない。

結果として勝頼は氏政に対して公然と敵対。常陸の佐竹氏と結んで、攻撃を加えてくるようになった。これに対し、氏政の側も当時すでに遠江《とおとうみ》までを勢力圏にしていた徳川家康と連携して対抗し、武田・北条両家は遠交近攻策によって本格的抗争へと突入していく。

北条氏の諜報・攪乱を担った風魔一党

こうして、上杉家中に甚大な変化をもたらした御館の乱は、それだけにとどまらず周辺の諸勢力にも大きな影響を及ぼした。

天正7年（1579）8月、武田勝頼は駿河に出陣すると伊豆国境に沼津城（静岡県沼津市）を築城。さらには1万6000の兵を三島へ派兵し、北条氏に敵対行動をとる。こうした動きに、氏政も徳川家康と謀って武田勢を挟撃すべく、9月に伊豆へ出陣。北条・武田両軍は伊豆・駿河国境の黄瀬川を挟んで対陣した。このにらみ合いは以後3年近くも続いたが、結局は双方とも決定的な動きはなく退陣、帰国している。しかし、その間も関東各地では武田勢が北条方の城を攻撃し、北条方は劣勢に立たされる展開が続いた。

この黄瀬川の対戦の折、北条軍の一派として武田軍を大いに苦しめたとして知られるのが、風魔《ふうま》小太郎（記録には風間出羽守《かざまでわのかみ》の名が残る）とその一党である。彼らは通称「乱《らっ》波《ぱ》」と呼ばれた忍者軍団で、小田原近郊の風祭《かざまつり》を本拠とし、初代早雲の時代から代々にわたって北条氏に仕えてきた。

黄瀬川の陣では小太郎は２００人の手下を四手に分け、夜間に川を渡り、武田軍の陣内に潜入。敵兵を生け捕りにし、繋いである馬の綱を切り放ち、敵陣に紛れて嵐のごとく鬨の声を上げるなど、縦横無尽に攪乱。このため武田軍は大混乱に陥り、同士討ちが絶えず、一夜明ければ味方同士が斬り合った死体が累々と晒されたともいわれる。

一方、武田勢にも風魔小太郎を討たんとする10人ほどの敗残兵が、風魔の党に紛れ込んだものの、すぐに敵兵であることを暴かれ、ひとり残らず討ち取られたという。風魔党では総勢が集合したとき、合言葉と同時に一斉に立ち、また坐る「立ちすぐり居すぐり」という独特の味方確認の儀式があり、これにより敵味方が判明できたわけだ。

忍者といえば、大名や領主に仕え、諜報活動、破壊活動、奇襲戦術、暗殺などを行う専門職で、甲賀忍者、伊賀忍者などが知られている。風魔もこうした忍者の一党であり、首領小太郎の名の下に北条氏に従い、合戦時の情報収集や敵陣攪乱に活躍していたことは間違いない。たとえば三代氏康の河越合戦（第３章参照）などは、敵陣営攪乱と籠城する味方陣営との通信などの情報戦における風魔の活躍があってこその勝利といわれ、のちの小田原合戦でも豊臣方は風魔党の攪乱作戦にてこずったという記録がある。

戦国時代、外交戦そして軍事戦における諜報活動や攪乱戦術は、兵馬を駆使しての大規模戦闘と同等、あるいはそれ以上の価値と効果を持つものであった。忍者というとドラマなどでおなじみの黒装束、手裏剣、忍術などを思い浮かべがちであるが、実際には今日のスパイと同様、怪しまれにくい平民の装束で敵地を自在に往来。各地の戦国大名は彼らの報告や破壊活動を重く用い、権謀術数をめぐらせて勝利を目指したのである。

北条氏においても、他の大名や国衆と対峙するなか、敵方の情報をいち早く入手するため、また合戦で敵方を攪乱するために風魔一党を抱え、彼らの側も長きにわたり北条氏のために働いた。これもまた、戦国屈指の結束力を誇る北条一族ならではの挿話といえよう。

"天下人"信長への接近と氏直への家督継承

御館の乱と甲相同盟の破綻、それに続く勝頼の敵対行動により武田氏との対立が激化していくなか、氏政は次なる手に打って出る。天正8年（1580）3月、織田信長に使者を送ると「御縁辺相調《ごえんぺんあいととの》え、関東八国御分国に参る」すなわち関東は北条に任せてもらえれば、自分たちが平らげて領土にいたしますと従属を通知したのである。

　これは氏政が武田氏の攻勢を前に、今や国内で一大勢力となった織田氏の旗下に属する途を選択したということで、従来の関東地域の安全保障を超えた大きな視野に立っての外交政策ということができる。条件としては両氏の間に婚姻が交わされ、北条氏の嫡子氏直が信長の娘を娶《めと》るという約束がなされた。その後も、上野、下野、武蔵などの関東で、そして伊豆、駿河でも武田勝頼による侵攻は続くが、氏政は家康と組んで防戦。この時点で氏政がとった戦略は、まさに〝その次〟を見据えた長期的なものであり、ついに大局観を持てなかった武田勝頼とは明らかに違う途を歩みつつあったといえるだろう。

　そしてこの間、伊豆への出陣の際に氏政は軍配団扇《ぐんばいうちわ》を息子の氏直に譲渡している。軍配団扇とは軍事指揮権の象徴であり、その譲渡はまさしく家督の委譲を示すものだ。

　なぜ、この戦の最中に家督が交代されたのであろうか。そこにはおそらく、信長からの要請があったと思われる。信長は娘婿となるべき氏直を一刻も早く家督に据えて、同盟関係を超えた主従関係を確立したかったのではなかろうか。こうして北条氏は織田氏への（表面上の）従属の途を選択し、その実現のために家督が交代されたのである。

　以後、氏政は「御隠居様」と呼ばれ、氏直は「御屋形様」と称されるようになった。御隠居様といっても、その権力は当主氏直と同等もしくはそれ以上で、決して引退したわけではない。先代の氏康がそうであったように、氏政も引き続き実質的な北条氏の最高指導者として君臨。後継者にして当主の氏直を立てつつも北条氏の実権を掌握し、いよいよ高まる戦国末期の激流へ向けて突き進んでいく。

氏政が先頭に立って舵取りを行った時代は、長かった戦国時代が終息へ向けて大きな変化を遂げつつある時期であった。それだけに、父氏康までの代とはあらゆる面で異なる発想や対応を迫られることが多かったに違いない。

氏政というと、しばしば引き合いに出される「二度汁」のエピソードでは、父氏康が飯に二度に分けて味噌汁をかけて食べる息子を見て「汁の量も量れぬようで、家のことを推し量れるはずがない」と嘆いたとされる。だが、見方を変えれば、時代の質的変化に父祖とは違う発想で対峙する姿勢と取れよう。NHKの大河ドラマ「真田丸」(2016)でも「こうして徐々に味わうように国盗りをしていくのだ」との氏政のセリフがあり、勝者の側からの歴史だけでは本当のところは見えてこないのではあるまいか。

事実、後述するように北条氏の版図が最大になったのは氏政と続く氏直の時代であり、戦国大名としての実力は秀吉や家康をおおいに恐れさせた。父氏康の嘆きとは裏腹に、氏政もまた確かに北条五代の輝ける星だったのである。

第5章

五代　北条氏直

若き当主にのしかかる〝天下人〟秀吉の脅威

信長死す、領土回復に走る北条氏

織田信長による「天下布武」の本格化で、戦国の世はいよいよ大きな展開を見せ始める。その影響は西国のみならず、東国にも激震をもたらした。

天正10年（1582）2月、信長が武田領に侵攻したのである。これに合わせて、北条勢も駿河と上野《こうずけ》の二方面から武田領国に出陣した。信長の、鉄砲を駆使する先進的な軍事力は圧倒的な強さであった。北条氏が長年にわたり対戦してきた武田の軍勢をわずか1カ月で殲滅。北条軍、織田軍、徳川軍の攻勢で追い詰められた武田勝頼は、逃亡を図るが、最後は自害に追い込まれた。こうして戦国の雄として名を馳せた武田氏は滅亡する。

終焉の地は甲斐の国の東にある天目山（山梨県甲州市）であった。そこへ落ち延びるまでに勝頼は、穴山信君《のぶただ》（梅雪）や小山田信茂らの重臣、さらには自らを最後まで守るはずの侍臣《じしん》にまでことごとく裏切られ、自害を決めた時には従う者わずか43人だったという。

その際、輿入《こしい》れの折に北条家から付き従ってきた早野内匠助《たくみのすけ》らへ「奥方のお供をして、疾《と》く小田原へ帰れ」と命じる大勝頼に対し、正室桂林院（氏政の妹）はきっぱりと拒絶。「先年、弟の三郎（上杉景虎）が討たれた折、殿は懸命にお願いをした私に耳を貸さず、三郎を見殺しにされました。今、何の面目があって小田原へ戻れましょう。ただ、あなた様と同じ最期を」

こう言って従容《しょうよう》として死を受け入れたことが、形見の書状とともに小田原へ戻った内匠助によって報告されている。数え19にして、まさに天晴《あっぱれ》というほかない。

この戦が終わると信長は戦後の論功行賞として武田領の配分を発表する。上野国を滝川一益《かずます》に、駿河国を徳川家康に、甲斐国を河尻秀隆に、そして信濃国を戦功のあった家臣たちにそれぞれ分け与えた。ところが、北条氏には何もない。織田方に与《くみ》して戦ったにもかかわらず、何の恩恵にも浴さないどころか、この間を通じて自力で回復した東上野や東駿河まで取り上げられてしまう。この仕置には、氏政も氏直も大きなショックを受ける。しかしながら、信長に従属した以上はこれに従わざるを得ない。関東の雄のプライドを考えれば、どうにも辛く耐え難いものだったに違いない。

ところが、ここで戦国時代の歴史を変える事態が勃発する。

天正10年（1582）6月2日、京都の本能寺において、織田信長が明智光秀に討たれたのである。謀反によって天下人信長が暗殺されるというこの一大事件「本能寺の変」により、天下統一に向けて安定を迎えるかに見えた政治状況と軍事情勢は再び混沌としてきた。

この折、北条氏へ変事を伝える一報は同盟を組む徳川方からもたらされた。むろん、この政変によって、先に結んだ織田家との縁談も従属関係も自然消滅したことになる。

信長の死によって、先に上野を取り上げられた北条氏と新たに上野を任された滝川一益は互いに情勢を探り始めた。やがて、北条氏は武蔵国境に向けて全軍を挙げて北上を開始。信長という絶対的な政治権力が突然なくなった以上、戦国乱世の再来である。北条氏は信長の仕置で失った上野の奪還を目指して、一益との勝負に打って出る。

これに対し、一益は主君信長亡き後の中央の情勢が気になり、弔い合戦のために上洛も考えていたが、北条軍出陣の報を受け、雌雄を決する覚悟を固める。

6月18日、両軍は神流川《かんな》（埼玉県北部）を挟んで対陣。それぞれの先手を担う北条氏邦勢と上野国衆勢が衝突し、合戦の火蓋が切られる。翌19日には、主力勢が激突し、氏直を総大将とする北条軍の大勝に終わった。敗走した滝川軍は、その後上野の厩橋《うまやばし》城、松井田城、そして信濃の小諸《こもろ》城まで退却を余儀なくされる。北条軍は追撃の手を緩めず、ついに一益は小諸城から本国伊勢（三重県）に逃亡した。

天正壬午の乱、家康との抗争勃発

滝川一益が、上野・東信濃から撤退すると同時に、信濃に配置されていた他の織田氏諸将も没落し、甲斐や信濃における織田氏の分国はたちまち崩壊。空白地となった旧織田領は、周辺の大名の草刈り場となる。上野と東信濃は北条氏、北信濃は越後の上杉氏、甲斐と南信濃へは徳川氏が進軍して旧織田領を奪い合い、分割する構図となった。この間、三国をめぐり繰り広げられた一連の戦いが、世にいう「天正壬午《じんご》の乱」である。

滝川軍を追撃しつつ信濃に侵攻した遠征軍総大将の北条氏直は、その余勢を駆って徳川方に落ちた城を次々に攻略し、甲斐に到達する。そこで待っていたのは、対武田の戦いで同盟を結んでいた徳川家康であった。家康は旧主武田氏を失った甲斐の国衆を帰属させ、甲斐から信濃に進攻しようとしていた矢先。信濃を北から制圧していた氏直は、いよいよこれと対立することになる。昨日の友は今日の敵。戦国乱世の目まぐるしい転変である。

天正10年（1582）7月、徳川勢の先陣が諏訪頼忠の拠る高島城（長野県諏訪市）へ攻め掛かった。頼忠からの支援要請を受けた氏直は、軍勢を南下させ徳川勢を圧迫する。これを受けて徳川勢は甲斐に後退。北条勢はこれを追って甲斐へ進撃し、とうとう信濃・

甲斐の領有をめぐって北条氏と徳川氏は本格的な抗争を展開するところとなった。

同年8月、両軍の主力は八ヶ丘山麓の若神子《わかみこ》の地で対峙する。この時の勢力は北条軍2万に対し、徳川軍が1万。数の上では北条勢が優勢であったが、徳川勢もさるもので戦況は一進一退のまま膠着。にらみ合いのうちに勝機をつかもうとする氏直は、家康の背後を突くべく北条氏忠（氏康の養子）の率いる軍勢を甲斐国都留郡から侵攻させたが、家康も迎撃のため軍勢を派遣。両軍は黒駒（山梨県笛吹市）で合戦となった。この合戦では徳川勢が北条勢300余人を討ち取って勝利し、北条勢を撃退する。

この間、局地戦としては若神子で停滞していた両陣営であったが、周辺の情勢から戦況は変わりつつあった。それまで北条方に属していた信濃南部の有力国衆である木曽義昌が、徳川方に離反。さらに、信濃北部の真田昌幸も徳川方に通じるという事態になった。

この離反によって北条勢は広範囲にわたって背後を押さえられ、氏直の主力軍は若神子に釘付けされ一瞬にして苦境に陥ってしまう。長く武田と上杉、さらに北条の脅威に晒されつつ、なお自主独立の気風を失わないしたたかな信濃の国衆は、黒駒での合戦の帰趨を見て早くも北条から徳川へ鞍替えを考え始めていたのである。

こうした事態を受け、小田原の「御隠居様」である氏政が真田軍の南下を阻む措置を取るよう指示し、北条綱成に５０００の軍勢を与えて北条主力軍の退路にあたる信濃国小諸付近の確保を図った。ここでも、徳川方に寝返った真田勢との小競り合いがあった。

対秀吉を見据え、家康と同盟

関東全域で流動的になった状況は、いよいよ目まぐるしく変わる。この北条勢の予期せぬ苦戦に、かねてより北条氏と敵対関係にあった常陸《ひたち》国の佐竹義重が下総《しもうさ》の古河《こが》や栗橋に侵攻。北条領を脅かす動きを見せれば、一方の家康の側も北信濃をめぐる上杉景勝との対立を抱えるなど、両者ともに難しい戦況に置かれていた。

このような状況を受け、両者と関係の深い織田信雄《のぶかつ》（信長の次男）の斡旋で、北条氏と徳川氏は和睦を模索。かつて今川家の人質同士で家康と親しかった北条氏規の根回しもあって、どうにか妥協できた。甲斐・信濃・上野をめぐって争われた天正壬午の乱は終結し、北条氏と徳川氏の関係も連携協力から対立と戦争、そして和睦へと変化していった。

和睦の内容は、甲斐国の一部を北条氏が徳川氏に割譲する代わりに、徳川方の真田氏が領有する上野国の一部を北条氏に引き渡すという分国協定であり、なお残る未占領地については「手柄次第」（実力での占有を認める）という取り決めがなされた。これに加えて、両氏の関係を再構築するため、家康の娘が氏直に輿入れするという婚姻関係も約束。こうして両者間の和睦は強固な同盟関係へと転換し、天正11年（1583）8月には家康の娘督姫と氏直の祝言が執り行われる。

その後も北関東では真田氏を巻き込んで、佐竹氏を先頭とする反北条勢力と北条氏の抗争は続く。両勢力は渡良瀬川を挟んで3カ月にもわたってにらみ合うが、反北条方の佐竹氏を支援するために越後の上杉景勝も進軍してきたため、不利と見た氏直は叔父の氏照に佐竹氏との和睦斡旋を依頼。双方で血判起請文《きしょうもん》を交換して退陣する。だが、北条氏にとっては、これら北関東と東関東の反北条勢力との長きにわたる抗争を完全に解決できなかったことが、のちのちまで深刻な影響を及ぼすことになっていく。

ところで、この折の両軍の対陣が、実は中央における豊臣秀吉と徳川家康の「小牧・長《なが》久手《くて》の戦い」の代理戦争という側面があるのが興味深い。当時は明智光秀、柴田勝家を討って天下人の座に王手をかけた秀吉と、今や〝海道一の弓取り〟と呼ばれるまでになった家康の間で緊張が続いており、それが火を噴いたのが小牧・長久手の合戦であった。

この戦いに際して家康は北条氏、秀吉は反北条の佐竹方勢力とそれぞれ結び、家康は北条側に援軍を要請していたが、北条軍は下野《しもつけ》で佐竹軍と対陣していたため援軍を出せない。

これには、秀吉が佐竹氏を動かして北条による援軍を足止めさせた策略があり、上杉景勝の出陣についても北条氏に圧力をかけ、戦況を有利に運ぶ狙いがあったのだ。希代の戦上手とされる秀吉の面目躍如というべきだろう。

天正13年（1585）になると北条氏は下野をようやく攻略し、北関東において反旗を翻しているのは、上野に拠点を置く真田氏のみとなった。こうして戦国乱世は広域戦略化がいっそう進み、天下統一へ時代はいよいよダイナミックに動いていくことになる。

伊達氏との連携、深まる真田氏との対立

ここで、五代北条氏直について述べておこう。

氏直は、永禄5年（1562）、北条氏政と武田信玄の娘黄梅院《おうばいいん》の次男として生まれた。幼名を国王丸といい、長男は早世したため嫡男として育てられる。7歳の頃、すでに武田氏により駿河を追われ小田原に身を寄せていた今川氏真から、養子としてその家督を譲られたが、のちの甲相同盟（元亀2年〈1571〉）に伴ってこの話は自然消滅。氏直は北条家の跡継ぎとして、歴代の仮名《けみょう》である新九郎を名乗った。

天正8年（1580）8月19日、第4章の終わりに述べたように氏直は氏政から家督を

継承して北条氏の当主となる。以後は「御屋形様《おやかた》」と呼ばれ、同11年（1583）には前述の通り、徳川家康の次女督姫を正室に迎えた。政治・外交の主導権はなお「御隠居様」の父氏政が握りつつも、若い氏直は軍事行動の中心を担うことになったのである。

さて、天正13年（1585）にはほぼ北関東を制圧した北条氏は、6月になって陸奥《むつ》（福島県・宮城県・岩手県・青森県）の伊達政宗へと接近を図る。伊達氏との通好はすでに前年から行われていたが、伊達氏では前年10月に輝宗から政宗に家督が交替したため、北条側はあらためて新当主の政宗に対して通好を求めたのである。その頃、政宗は南奥州における最大の勢力である蘆名《あしな》領への侵攻を進めていたが、この蘆名氏は当時、北条氏の宿敵である常陸の佐竹氏の勢力の一員であった。反佐竹氏の立場にある北条氏と伊達氏は互いに接近し、以後は頻繁に連絡を取り合い、軍事的連携を図っていく。

9月に入ると、家康からの真田氏攻撃の要請を受け、氏直は上野の沼田城（群馬県沼田市）攻めに転じる。真田氏はこれまで徳川氏に従属していたが、この7月に突然離反し、上杉氏に付くという相変わらず予測不能の行動に出ていた。真田氏といえば、これまで武田氏、北条氏、徳川氏、そして上杉氏と再々主君を替えてきた、国衆上がりの権謀術数に長《た》けた小大名である。北条氏側は先年の天正壬午の乱でも手痛い裏切りにあっている。

今回の真田氏の離反の背景には、北条氏と徳川氏との同盟締結の条件となっていた沼田領の帰属問題がこじれたことにあった。これを受けた徳川勢は８月から真田氏の本拠である信濃の上田城（長野県上田市）を攻撃しており、北条氏への参戦要請は両方面からの挟撃によって真田氏の攻略を狙ったものとみられる。

しかしながら、この合戦は軍略に優れた真田氏の巧みな抵抗にあい、攻めあぐんだ徳川勢は上田城攻めから退陣を余儀なくされ、北条方も沼田領から後退した。徳川の大軍を相手に事実上の勝利を収めた、この「第一次上田合戦」によって真田氏はおおいに存在感を見せつけ、北条氏にとって厄介な相手となっていく。

他方、中央に目を転じると、同じ天正13年（１５８５）に秀吉は紀伊の雑賀《さいか》一揆、四国の長宗我部元親《ちょうそかべもとちか》、北陸の佐々成政《さっさなりまさ》を相次いで制圧。また中国地方の毛利輝元、北陸の上杉景勝との国境を確定して、畿内を中心とした豊臣領国の確立を遂げた。その間には旧主筋の織田信雄を従属させるなど、天下統一に向けて着々と歩を進めている。７月には、ついに関白に任官され、武家政権の首長としての政治的地位に登り詰めた。

こうして上杉景勝も秀吉への服従が確定し、直接に豊臣方勢力と領国を接することになった家康は、北条氏との同盟強化を図る。同年10月28日に北条氏家老20人の起請文が徳川氏へ、徳川氏からも国衆と家老衆の起請文が北条氏へ送られ、結束を確認。その内容は、徳川氏が再び豊臣氏と抗争に至った場合、北条氏は徳川氏を支援するというもので、秀吉の来攻に備え、両氏はお互いの同盟関係を再確認したのである。

氏政、秀吉への接近図る家康と対面

ところが、ここで家康にとって想定外の出来事が起こる。

11月、あろうことか徳川家の譜代家老である石川数正が、秀吉のもとに出奔。同時に、信濃の小笠原貞慶と木曽義昌も秀吉に帰属してしまう。家康は大きな衝撃を受け、外交戦術に秀でた秀吉と対抗する厳しさ、恐ろしさをひしひしと感じ始める。

そこへ、またしても予期せぬ次のアクシデントが勃発した。

11月29日、世にいう「天正地震」が発生。M8クラス、最大震度6と推定される巨大地震が関西、中部、北陸を襲ったのである。

この時、最大の被害を被ったのは秀吉だった。かつて長らく居城としていた琵琶湖畔の長浜城（滋賀県長浜市）は液状化し、当時の城主であった山内一豊の娘も犠牲になった。宣教師ルイス・フロイスの記録では、当日、大津に滞在していた秀吉は当面の計画をすべて中止し、最も安全とみられた大坂城へ一目散に避難したという。

この巨大地震が、政治の潮目を大きく変える。

豊臣勢の前線基地である大垣城（岐阜県大垣市）が全壊消失。同盟軍の織田信雄の長島城（三重県桑名市）も倒壊し、豊臣方の地元である美濃・尾張・伊勢の被害が大きく戦争準備どころではない。家康側も岡崎城（愛知県岡崎市）が被災していたが、領国内は震度4以下で被害は小さかった。加えて、その同盟者である北条氏はまったく無傷であった。

それまで家康征伐を公言していた秀吉であるが、この状況で家康と一戦交えるのは、どう見ても不利、というよりも無謀である。そこで秀吉は、武力征伐から和解路線へと方針を転じ、家康にとっては豊臣政権に和議をもって出仕する途が開けたのだった。結果的に見ると、家康はこの天正地震という天災に救われた、といってもいいだろう。

翌天正14年（１５８６）正月、秀吉の意をうけた織田信雄が三河の岡崎城に来訪して、秀吉との関係改善を周旋している。決断を迫られた家康は、2月上旬にとうとう和議を受け入れることになった。この和議の成立は、秀吉の妹の朝日姫が家康の正室に入るという婚姻関係を伴うものであり、4月に結納、5月に婚儀が執り行われた。

家康は、北条氏との間で対秀吉の同盟関係を強化しておきながら、その後の秀吉による政治的圧迫に屈したわけで、こうした一連の行動が北条氏に疑念を持たせたのはいうまでもない。そこで家康は北条氏に対して配慮を見せ、北条氏政に伊豆と駿河の国境において面会を申し入れる。会見は、まず3月9日に家康が両国国境を流れる黄瀬川に赴き、次いで11日、今度は氏政が黄瀬川を越えて駿河の沼津に赴く形で、2度にわたって催された。また、この直後に家康は両国国境に近い三枚橋城（静岡県沼津市）を破却し、取次の北条氏規《うじのり》に三枚橋城の兵糧米1万俵を遣わして、北条領に対する武装解除と連携姿勢もアピールしている。

この会談によって、氏政と家康の親交、そして北条・徳川両氏の信頼が深まったといえなくもないが、家康の内心は秀吉との和議を進めざるを得なかったことへの釈明という面が大きかったに違いない。氏政は、こうした家康の心をどう読んだのか。家康に裏切られる心配を薄々にも感じたのではなかろうか。

惣無事令をめぐる秀吉との駆け引き

同じ頃、若き当主である北条氏直は、家康が秀吉の要請を受け入れ、接近を図ったことに非常な不安を感じていた。父氏政や叔父の氏照などの主戦派に囲まれつつ、家康の娘督姫を妻としている氏直としては和平を念頭に、今後、家康とその背後にいる秀吉との外交をどう展開していけばいいのか苦悩していたに違ない。

そこで氏直は、今後の秀吉と家康との外交を叔父である氏規に託すことにする。氏規は氏政と氏照の弟で、前述のように今川義元のもとに人質として暮らした折、同じく岡崎からの人質であった家康と親交があり、外交上の太いパイプを持っていたからである。

ところが、その間にも秀吉は、人質として年老いた母親の大政所も岡崎城へと送り、あの手この手で家康を懐柔。それでも態度を決めないのを見て、天正14年（１５８６）10月ついに家康に対し上洛と出仕を厳しく要求する。上洛しない場合、討伐のため三河へ侵攻すると脅しをかけるとともに、上杉景勝ら北国勢に関東への進攻を命じたのである。いよいよ追い詰められた家康は、ここに至って秀吉の下への出仕を決意した……というより、生き延びるために決断せざるを得なかった。

こうして、家康は大軍を率いて大坂城に上り、秀吉に接見。両者の会見は秀吉の思惑通りに進み、結局、家康は氏直の期待に反して秀吉の配下となり、同時に関東諸大名への取次役となった。北条氏としては、秀吉と敵対していた家康と結んでいただけに梯《はしご》をはずされた格好で、以後、豊臣氏の敵意は北条氏へと集中することとなる。

この会見を機に北条氏と徳川氏は断交して敵対することこそなかったものの、もはや氏直としては家康を全面的に信頼することはできなかっただろう。そうするうちにも、主戦派である氏政と氏照は秀吉との決戦準備を進めており、軍勢の動員や城主の配転、城の修築などに追われている。氏政や氏照にしてみれば、長く国境を争ってきた武田氏や今川氏、これを倒した信長やその盟友の家康と違い、天下人になったとはいえ足軽あがりの新興勢力である秀吉に対する軽侮の念を抱いていたかもしれない。が、それは同時に、北条氏にとって大きな危険を伴うものでもあった。

天正15年（1587）5月、豊臣政権の東国奏者《そうしゃ》（関東取次役）となった家康は、突如として「関東奥両国迄惣無事之儀《そうぶじのぎ》」（惣無事令）を北条氏に通達。これは、豊臣政権による「私戦停止命令」であり、北条氏はじめ関東・東北の大名や武士が自らの判断で戦をしてはならないという指令だった。

すなわち、秀吉が全国統治者つまり武家政権の最高権力者という立場で、諸大名の交戦を私戦とみなし、その停止を命じる一種の平和令である。

まさに、戦国大名がこれまで自らの領国を維持・拡大するため、隣接勢力との紛争解決の最終手段として行使してきた交戦権を全面的に否定するものだ。統一政権としての豊臣氏の強い統制下に置くという点で、自らの力の源泉を武力に求めてきた戦国大名の存在意義に真っ向からＮＯを突きつける命令である。この厳令は、北条氏にとってはそのまま関東制覇という大義を失うことになりかねない。

特に、周辺に遺恨ある敵がいない徳川氏とは違い、北条氏は上杉景勝をはじめ反北条を掲げる不倶戴天の敵に囲まれている。しかも彼らはすでに秀吉と連携しており、交戦権が取り上げられたら北条氏には為す術がない。絶体絶命の危機である。

実際のところ、関東におけるこの惣無事令の発令は、北条氏と反北条方諸将の抗争を対象とするものであった。これが家康から通達されてきたことで、北条氏としてはいよいよ最終的な判断を迫られる。惣無事令に従い、豊臣政権の軍門に下るのか否か――当然ながら、北条氏内部では主戦派の氏政・氏照と、和平推進派の氏直・氏規との間で激論が交わされたに違いない。こうした緊迫した状況のなか、当主の氏直はなかなか決断ができず、当面は和戦両様の構えで時間を稼ぐ作戦をとる。しかし、秀吉を中心に激しく回転する時代の渦は、そんな氏直の思惑をよそにさらに加速していく。

迫る上洛要請、和戦の危うい均衡が続く

天正16年（1588）4月、秀吉は後陽成《ごようぜい》天皇を京の聚楽第《じゅらくてい》へ行幸に招き、諸大名を参列させて臣従を誓わせた。しかし、そこに北条氏政・氏直が上洛していないことに不快な感情をあらわにする。秀吉は北条氏に対し、次のような詰問状を届けた。

「今日、天下の諸侯は一人として朝命を奉じない者はいない。しかるに氏政・氏直は五代の威をかりて、関東八カ国を領有しながら、天皇に挨拶もない。これは誠に人臣の道に背いた非礼な態度である。氏政親子は速やかに上洛せよ」

それでも、北条氏から色よい返事は返ってこない。

京都から帰国した家康は、関東取次役としてこの事態を深く憂慮していた。秀吉からも、早く北条氏を上洛させよという要請が重ねて伝えられる。家康はついに意を決し、同年5月21日、北条氏政・氏直父子に最後通告ともいえる起請文を出して、次のように申し渡した。

一、その方の御父子の儀、殿下（秀吉）の御前において悪様《あしざま》に申すことはしない。

一、今月中にぜひ、兄弟衆をもって、京都に上って挨拶してほしい。

一、秀吉への出仕の儀を納得しない場合には、娘督姫を返してほしい。

家康としては秀吉との間を仲介して、まず氏政の兄弟衆を上洛させようという考えだったようだ。本来は当主である氏直が上洛すべきではあるが、氏政・氏照が反対するのはわかっている。そこで、兄弟衆のなかでも誼《よしみ》を通じる氏規の上洛を求めたのではないか。しかし、これでも誰も上洛しなかった場合、北条家と断交するほかないので娘の督姫を離縁して返してほしいと迫っている。できる限りの仲介はするものの、もうこれ以上は待てないので、上洛を決断してほしいという家康の強い要請であり、懇願だ。

同盟者である家康のこうまで毅然たる態度にあっては、北条方も返答せざるを得ない。6月5日に氏直は「本年12月上旬に氏政が上洛する」と応じ、その前に氏規を秀吉のもとに派遣すると返答した。

天正16年（1588）8月、氏規は小田原城を出立し、聚楽第《じゅらくてい》で秀吉に接見する。この時、多くの豊臣方大名も参加するなかで、氏規は末席に座らせられて田舎侍扱いを受け、おおいに侮辱感を味わうことになった。そんな気まずい雰囲気があったものの、秀吉と氏規との会見は家康の仲介の功もあって概ねうまく進み、秀吉は満足したようだ。

会談の内容は、やはり関東奥両国の惣無事令に関わるものだった。なかでも、一番の眼目は上野の沼田領の領有をめぐる北条氏と真田氏の領土確定問題である。秀吉としては、そもそも北条と真田の領土問題は、先年の信濃・甲斐両国をめぐる徳川と北条との同盟締結に関わるもので、詳しくはわからない。よって、徳川と北条の間で決着をつけるべきであるというのが、その裁定だった。それより何より、秀吉としては北条氏の当主である氏政・氏直親子の上洛を早く実現せよと、その件を氏規に強く迫る。

だが、氏直から沼田領問題への確たる裁定の件を託されていた氏規は、秀吉にこの案件の裁断を重ねて依頼するほかない。やむなく、氏政の上洛の取引条件に沼田領の領土確定を持ち出したが、これに対して秀吉は何も答えなかった。家康と相談のうえ、後日裁決を申し渡すつもりでいたのだろう。

この間にも、沼田領をめぐる北条氏と真田氏との抗争は続いていた。氏直は3月に常陸を攻め、下野方面でもなお合戦は行われている。また、氏政は下総の佐倉領の統治に力を注ぎ、碓氷峠を守備する松井田城の大道寺政繁の支配も、下野の佐野城（栃木県佐野市）の北条（佐野）氏忠の支配も浸透していく。こうして天正16年（1588）の暮れには北条氏の上野支配もほぼ完成し、北条方の領土は関東全域に拡大していった。

一方で、氏規が上洛して秀吉、家康との外交交渉を進め、どうにか和平推進を図りながら、他方で、氏政と氏照を中心に関東の支配強化と豊臣軍との戦闘準備は休むことなく進む。和戦両様の危うい均衡は刻々と限界に近付きつつあった。

ギリギリの交渉で勝ち得た沼田領裁定

そんな状況のなかで、迎えた天正17年（１５８９）。

前年の氏規の上洛によって、真田氏に占拠されたままの沼田城の引き渡し交渉の裁定を秀吉に要請していたが、その結論が出ない限り前に進めない立場の北条方は、重臣の板部《いたべ》岡江雪斎《おかこうせつさい》を使者として上洛させ、秀吉と直談判させることにした。

江雪斎は小田原城の奉行衆をまとめる宿老で、長年にわたり北条氏を支えてきた重臣である。詩歌や書を嗜み、茶道にも詳しい文化人でもあった。主戦派と和平推進派の間に立ち、バランス感覚に優れて信頼の厚い人物だったが故に、大任を任されたのであろう。

先の氏規の報告を聞いた北条方の重臣たちは、その後、小田原城で必死に評定を重ねてきた。沼田城をめぐる真田氏との抗争が長引いた場合、秀吉の発した惣無事令に反することになり、秀吉の討伐を受けかねない。とにかくこの問題だけでも早く決着させようということで、外交巧者としても声望ある江雪斎を上洛させたのである。

上洛した江雪斎はこの年の春に秀吉と会見し、直談判に及ぶ。そのなかで江雪斎は、家康の協定違反から問題が長引いていると主張し交渉を続けた。その結果、以下のような秀吉の採決が下った。

一、沼田領三万石の地を三等分にする。

一、三分の二を北条氏直の領地とする。

一、残る三分の一の名胡桃《なぐるみ》周辺の地は、真田家の基地であるので真田昌幸の領地とする。

一、真田氏が失った沼田領の三分の二については、徳川家康が自己の領地から替地《かえち》を真田氏に渡す。

一、以上の裁定によって沼田領の裁定（私戦停止の裁定）は終わったので、北条氏直か氏政のどちらかが、速やかに上洛すること。

裁定は、問題の当事者である徳川、北条、真田の三氏がそれぞれ譲り合って解決するという優れたものである。そこには江雪斎による巧みな説得もあっただろうが、さすが交渉上手で機転の利く秀吉ならではのものといえよう。

この名裁定により沼田城は北条氏に引き渡され、真田氏には代替地として信濃国箕輪《みのわ》（長野県上伊那郡）が与えられた。これは天皇から関白として「一天下之儀」を委ねられた存在である秀吉が行ったものであり、違背することはすなわち天皇のご意思に背くことにほかならない。かくて、問題の沼田城は北条氏邦が支配するところとなり、城代には氏邦の重臣である猪俣邦憲が任命され入城している。

こうして板部岡江雪斎は重要な役目を無事に終えて、小田原に戻った。懸案の決着を受け、秀吉は6月初旬に北条氏に使者を遣わす。一刻も早く氏政か氏直を上洛させるよう、あらためて強く催促してきたのである。ここまできたら氏直も引き延ばせない。12月上旬には氏政が上洛する旨を秀吉に回答した。

最大版図へと忍び寄る、戦火の足音

沼田城を中心にした地域の領有で、名胡桃城の周辺のみを残して上野国はすべて北条氏の支配するところとなった。北からの脅威がなくなったことで、以後の北条氏は安心して房総方面の支配に専念できるようになる。

天正壬午の乱に始まる、この数年が領有支配において北条氏の全盛期である。領地は伊豆・相模《さがみ》・武蔵・下総・上総《かずさ》北部・上野・下野・常陸へと及び、信濃・甲斐・駿河をうかがい、安房《あわ》の里見氏とも有利な同盟関係を結んだことで、280万石にも達するという最大の版図となった。その点で、氏政と氏直の父子は武将としてけっして凡愚ではなく、代々の当主に比肩する実績と自信を有したことは間違いない。

それだけに、氏政や氏照など主戦派には、寄せ集めの秀吉の軍勢など恐れるに足らず、という強行意見が出てもおかしくなかったし、実際にもその実力が当時の北条氏にはあった。あとは伊達氏や蘆名氏など東北の大名が加勢してくれれば、東国対西国との決戦はほぼ互角に戦えるという読みも加わったのではないだろうか。

一方、この時点ではまだ氏政の12月中の上洛は前向きに検討されており、実際に上洛へ向けて費用の調達や調整も行われている。ただ、後述の名胡桃城事件が起こるまで、北条氏から豊臣氏への目立った音信・交渉は途絶えたままであった。

こうした状況を見るに、和戦両様の構えで秀吉との交渉を進めてきた氏直は、この時点ではどうにか和平が実現できるのではないかと考えていた節がある。しかし、北条方には豊臣方と妥協するのを好まない主戦派もいるうえ、権謀術数に長けた秀吉の思惑はなかなか読みきれない。若い氏直には、先の見通せない難しい戦国の世の舵取りが続く。

その頃、当の秀吉はといえば、家臣や豊臣方大名に対し「氏政の上洛がない場合、北条氏討伐のために関東に出馬する」と伝えており、ここまでは秀吉もまだ和戦両用の構えであったことがうかがい知れる。ところが、その流れが一気に変わって風雲急を告げる事態

五代・北条氏直時代（天正15年頃）の大名勢力図

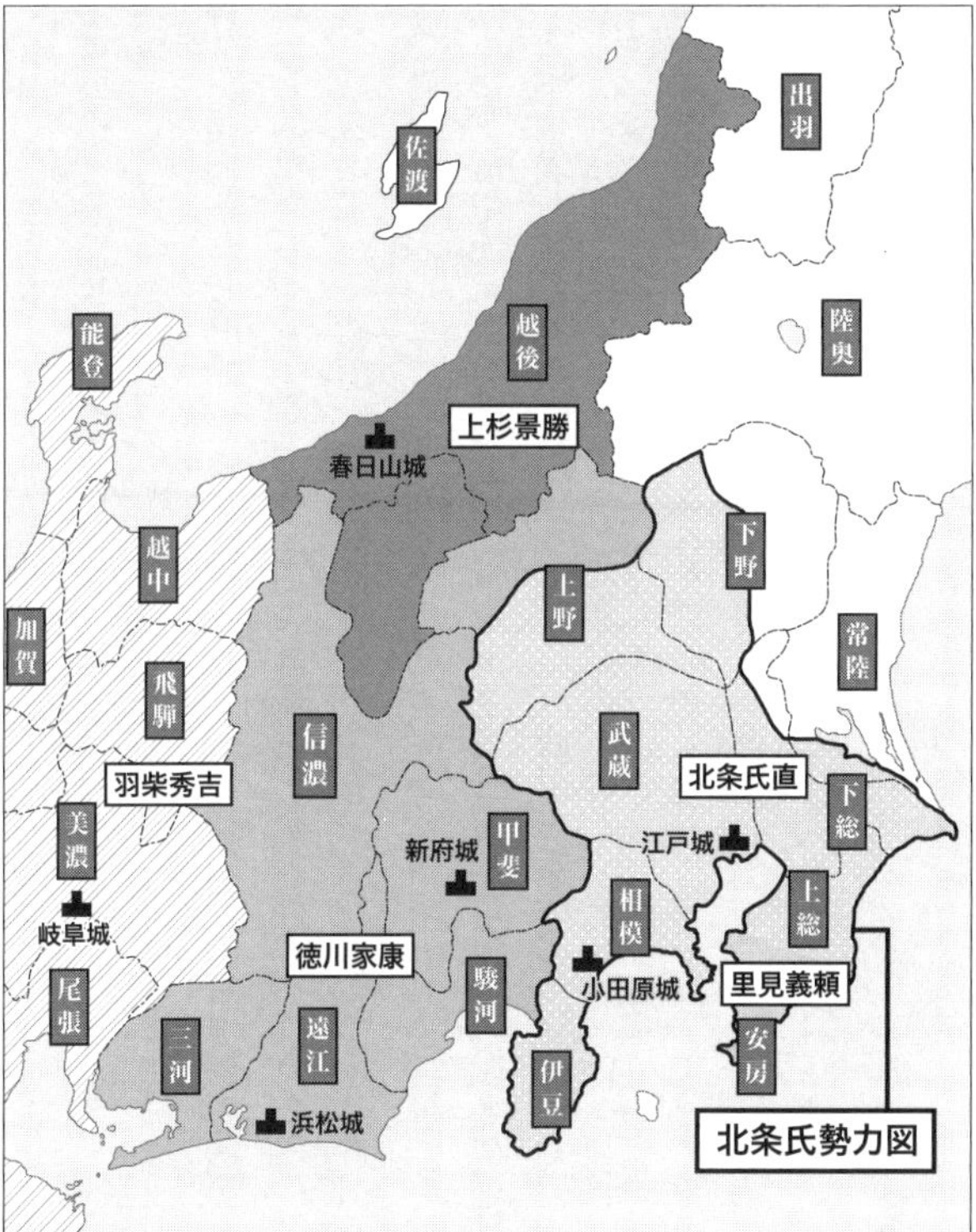

『図説 戦国北条氏と合戦』（黒田基樹／戎光祥出版）の図版を参考に作成

が、突如として勃発してしまう。事が起きたのはまたしても、北条氏にとって〝疫病神〟ともいうべき真田氏の治める沼田領の名胡桃であった――。

こうして見てくると、北条氏の五代当主氏直の人生は、まさに波乱万丈というほかない。甲相駿《こうそうすん》三国同盟の政略婚による先代氏政と武田信玄の娘黄梅院の次男として生まれ、長男が逝去し嫡男として育つ。もう一方の同盟国、駿河の今川氏真の養子として家督を継いで国主となるはずが、武田氏の駿河侵攻でご破算になる。その後は武田氏と北条氏の抗争で、叔父の勝頼と戦わねばならなかった。

さらに、織田氏との同盟で武田氏を滅亡させるが、信長の娘との婚姻寸前に信長が本能寺で横死し、それも破談に。これに続く旧武田・織田領の争奪戦で、徳川家康と対立。その和睦交渉で、家康の娘督姫が氏直に嫁ぐことになった。これも政略婚であったが、氏直は初めて正室と仲睦まじく結ばれた。しかしそれも束の間、後述する小田原の陣での悲劇が待っているのである。

北条氏五代目の若き当主は、戦国末期の激動に文字通り翻弄されていく。群雄が割拠し、同盟、策略、合戦、謀反が繰り返された戦国時代。29年間の氏直の生涯は自身の意志ではどうにもならない、時代に飲み込まれた人生だった。それが、氏直の宿命だったのだろう。

第6章

小田原合戦

100年を誇った北条氏、ここに滅びる

導火線となった「名胡桃城事件」

天正17年（1589）10月下旬、思いもよらぬ事件が起こる。

先の裁定により真田領となった領分の拠点、名胡桃城《なぐるみ》に沼田城代の猪俣邦憲が突如侵攻し奪取する、いわゆる名胡桃城事件が勃発。秀吉による裁定を北条方が軍事力で覆してしまったわけだが、実はこの事件については策士秀吉が真田昌幸と組んでの謀《はか》りごと、すなわち罠であった可能性もないわけではない。つまり、秀吉は北条氏討伐を正当化する大義を求めていたというのだが、そのあたりの真相は今となっては藪の中だ。

しかしながら、同じ時期には上野《こうずけ》の鉢形城主である北条氏邦も下野《しもつけ》の宇都宮国綱を攻撃しており、こうしたこととも合わせ、惣無事令《そうぶじ》に反する行為として秀吉に出兵の口実を与えたのは間違いない。事件はただちに、真田氏から関東取次役の徳川氏を通して秀吉へと伝わった。当然、秀吉は激怒して朱印状をもって北条氏を糾弾する。

「氏政上洛の意向を受け、それまでの非議を許し、上野沼田領の支配さえ許した。しかるに、このたびの名胡桃攻めはその裁定を覆す許し難い背信である」

これによって北条攻めの大義を得た秀吉は、11月の20日頃には「氏政の11月中の上洛がない時は来春に北条討伐を行う」と周囲の大名たちに明言している。ついに北条討伐の決断が下されたのだ。

11月24日には秀吉が家康へ書状を送り、来春の出陣決定と諸大名への陣触れ（出陣の命令）を出したことを伝えている。書中ではまた、軍事の相談のための上洛を要請しており、家康領内の駿河国沼津の三枚橋城に城将を派遣して戦に備えること、北条からの使者は返事の内容によっては処刑せよと指示した。秀吉が北条討伐の意向を言明したことで、徳川氏も決断を迫られることになる。同盟関係にあった家康の動向は注目されたが、事ここに至り秀吉と北条氏の仲介を断念して12月に上洛。秀吉に従うことを伝えるとともに、自らも対北条戦の準備を始めている。

秀吉はまた、同じ11月24日付で北条氏に対し宣戦布告とされる書状を送付。この書状は12月5日に三枚橋城に着いた豊臣方の使者により、北条氏へ届けられた。

これに驚いた氏直は、12月7日付の書状で「氏政の抑留や北条国替えの惑説《わくせつ》があるため、このままでは上洛できない」「名胡桃城は真田氏から引き渡されて北条側となっている城なので、そもそも奪う必要もなく、まったく知らないことである」「名胡桃城のことは上杉が動いたため軍勢を沼田に入れたにすぎない」「すでに名胡桃城は真田方に返還した」

と必死の弁明を繰り返しているが、ここまでの経緯を見るとすでに遅きに失した観が強い。

北条方からは弁明の使者として重臣の石巻康敬《いしまきやすまさ》も上洛し、名胡桃城事件の関係者の引き渡しと処罰を求める豊臣方に対して釈明に努めた。しかし、いずれも時間稼ぎの引き延ばし策であり、事実上の拒絶と受け取られたのは間違いない。事実、石巻は小田原への帰途に捕縛され、小田原合戦ののちまで三枚橋城に幽閉されることとなった。

秀吉は小田原征伐を前に各大名に発した書状で、こう述べている。

「氏直天道の正理《せいり》に背《そむ》き、帝都に対して奸謀《かんぼう》を企つ。何ぞ天罰を蒙《こうむ》らざらんや。所詮、普《あまね》く天下、勅命に逆《さから》ふ輩は早く誅伐《ちゅうばつ》を加へざるべからず」

天道に背き、帝都に対して悪だくみを企て、天下や勅命に逆らう氏直に誅伐を加えないわけにはいかないというのである。

一方の氏直の側も12月17日、北条領国内の家臣並びに他国衆に対して、小田原への翌年1月15日の参陣を命令。こうして北条氏と豊臣氏の対決は、まさに抜き差しならぬものとなって、小田原合戦へと突き進んでいく。

開戦へ向け、交錯するそれぞれの思惑

12月10日、聚楽第に着いた家康を迎えた秀吉は、上杉景勝、前田利家らとともに小田原攻め軍議を開く。この場で家臣諸軍の配置を決定すると同時に、小田原侵攻作戦が諮られた。

まず、伊賀（三重県西部）以東の諸国と近江・美濃の軍勢が主力となって東海道を東進する。中国と四国・紀伊・伊勢の水軍を東海道の海岸沿いに関東へ向かわせる。そして、越後・加賀・信濃の軍勢で関東を北部から攻撃させる。この３つの方向から、小田原攻略を図ることを決定。併せて、これら各軍勢は２月１日から３月１日までに居城地を出発すること、東海道の諸宿は軍事用として伝馬《てんま》50疋《ぴき》を用意すること、留守部隊は参陣大名の居城を預って守備することを申し合わせた。

さらに、大軍の移動と在陣にとって重要な役割を果たす後方支援についても方針が下される。攻撃部隊の兵糧米は、長束《なつか》正家を奉行として20万石集めると同時に、黄金２万枚をもって伊勢・尾張・三河・遠江・駿河諸国の米を買い集めることが指令された。

軍議では以上のような戦略が決定され、ここで先鋒を務めることになった家康は13日に

は早くも使者を駿府城に派遣して、出陣の準備にかからせている。

22日に駿府に戻った家康は、秀吉への忠誠の証として12歳の三男長丸（のちの徳川秀忠）を人質として送る。家康の動向に神経を尖らせていた秀吉は大喜びであった。すぐに長丸を元服させ、自らの一字をとって秀忠と名乗らせると、翌天正18年（1590）1月21日には織田信雄《のぶかつ》の娘と結婚させたうえで駿府へと送り返している。

ここに、北条氏と徳川氏の12年に及ぶ同盟は完全に途絶したわけだが、では北条側はその頃どのような状況にあり、どんな戦略を描いていたのであろうか。

前述の通り、天正17年（1589）11月24日に秀吉から宣戦布告を受けた北条氏直は、なおも家康がいずれは秀吉を離反して北条に味方すると、淡い期待を抱いていたようだ。

北条方には家康の娘督姫が氏直の正室として小田原城にいるので、合戦の状況次第では和睦に持ち込めるのではないか。加えて、奥羽の伊達政宗が来援してくれるのではないか。合戦が長引けば、敵は寄せ集めの大軍だけに内部に対立が生じたり、兵糧が足りなくなるなどして混乱し、反転攻勢の機会も出てくるのではないか。事ここに及んでも、氏直にはそんな希望的観測があったらしく、この甘さはそのまま氏直自身の限界であったのだろう。

氏直を当主とする北条勢は、そんな状況のなかで籠城作戦を開始する。

しかし、この籠城作戦を決定するに際しては、大きな意見の対立があった。

天正18年（１５９０）1月20日、小田原に詰めた諸将と奉行が曲輪《くるわ》に集まり軍議が開かれる。席上、籠城戦が既定方針となるなかで、北条氏邦が立ち上がりこう訴えた。

「このたびの戦いは、御隠居様（氏政）が小田原城にて総指揮を執り、御屋形様（氏直）は出撃すべきだ。（豊臣方の）松平康次が守備している駿河の沼津城（三枚橋城）を攻略して奪い、味方の旗本の駐屯地にする。そのうえで兄者（氏照）と某《それがし》が先陣を承り、富士川を隔てて上方勢（豊臣勢）を防ぎ、戦いを挑んではどうか。もしそれがだめならば、御屋形様が旗本勢を率いて三島まで出陣し、先陣は黄瀬川（伊豆・駿河国境）を境にして戦ってはどうか。味方は地理に詳しいので有利であり、敵は大軍で長陣に疲れ果てるだろう」

氏邦は、驚くような迫力ある作戦を建言したのである。小田原での籠城戦のみではなく、駿河表に出撃して豊臣軍を富士川もしくは黄瀬川の線で迎撃するという大胆な野戦の提案だ。敵軍を到着地で撃退するいわゆる〝水際作戦〟であり、天然の要害である箱根山を背にした積極策を進言したのである。

ところが、これに対して氏政、氏照をはじめ諸将の多くは異を唱える。

「野戦ではこの兵力差では戦えない。外に出て大敗すれば城も守れなくなる」

「上杉謙信や武田信玄の来攻を、籠城作戦で切り抜けたではないか」
「箱根山の天嶮《てんけん》を越えるのは容易ではない。箱根山中の城塞群で敵を痛めつけておけば、小田原城は決して落ちない」

こうした反対意見が次々に出され、軍議の主流を占めてしまう。氏邦のせっかくの積極策も、頭の固い重臣たちに否定され採用されることはなかった。失望した氏邦は寂しく居城の鉢形城に帰ってしまう。

しかし、氏政たちが小田原城を出て野戦で敵と渡り合う作戦を拒否したのには、それなりの理由も考えられる。それは遡ること20年前、永禄12年（1569）の武田信玄の小田原攻めの直後に仕掛けた追撃戦「三増《みませ》峠の合戦」（第4章参照）で、氏政の出陣が遅れたために氏照や氏邦による信玄挟撃作戦が失敗してしまったというトラウマであり、それ以来、氏政や氏照らにしてみれば野戦への苦手意識が植えつけられていたのではないか。

いずれにせよ、北条氏は箱根山という自然の要塞と小田原城という人工の要塞に堅く守られての籠城作戦に絶対的な信頼を置いていた。この自信過剰な籠城作戦が、そのまま北条氏の滅亡に直結していく。

籠城作戦へ、小田原の準備は進む

北条方の作戦の第一は、箱根峠で豊臣方をできるだけ食い止めてダメージを与えることだ。そのうえで本城の小田原城では、一族である氏直、氏政の父子、氏政弟の氏照、氏忠、氏直弟の氏房らを中心に籠城作戦を取る。そして、関東平野各地に置かれている重要な支城には、北条一族もしくは信頼のおける重臣を配して、これらも籠城戦で臨む。

次に、各地の支城に豊臣方の攻撃部隊が分散していくのを待って反撃を加える。そうするうちには、家康や織田信雄が離反するかもしれない。また、東北の伊達政宗も救援に駆け付けるだろう。莫大な兵糧を用意してあり、１、２年は小田原城を持ち堪えることができる……こうした希望的観測で、籠城作戦による持久戦に勝機を見出そうとしたのである。

北条方は、豊臣勢がまず箱根峠の要衝を突破する作戦を取ると想定し、伊豆の韮山城を南端とする箱根峠守備のための城砦群を構築した。戸倉、足柄、河村、山中の城郭を中心に数多くの砦をつくり、守備兵を籠めて待ち構える。全軍の指揮は、本拠地小田原城で氏直、氏政、氏照が執っており、巨大な小田原城はすでに述べた通り難攻不落の堅城だ。

むろん各支城への襲撃も想定されることから、１００近くある支城とその出城においても特に選んで戦略的に防衛強化のための工事を実施。そこには当然、領民も動員され、まさに官民挙げての防衛拠点の再整備を実行している。

兵力の増強にも力が注がれた。北条氏は領国内の各郷村の小代官に「人改令《ひとあらためれい》」すなわち徴兵令を出した。具体的には、虎の印判を押した次のような五カ条の令状である。
一、各郷村に住む人々のなかから、侍・一般庶民にかかわらず、御国のために働ける者を選出し、名前を書き出すこと。
一、武具は弓・鑓《やり》・鉄砲の3種類で好きなものを持ってきて良い。ただし、鑓は竹や木の柄でもよいが、2間（約3・6m）より短いものは無用とする。神社や寺などの者や、あるいは商人、職人などでも15歳から70歳までの者の名前を記すこと。
一、腰差物（差小旗《さしこばた》）をひらひらさせて、武士らしく見えるようにすること。
一、体格の良い者を選び残して、人夫同然のひ弱な者を兵役に就かせるような人選をしたならば、郷の代官に責任を取らせて首を切る。
一、このたびの決戦を心掛けて働いた者には、侍も一般庶民も皆に恩賞を下されるであろう。
これは、本来は軍役を務めない一般庶民も徴用しようとするもので、武士ではない民衆を戦争に動員する徴兵令である。北条氏にとっては先述の武田信玄の来攻の時以来、２度目の総動員指令となった。動員された民兵は武器は持参するが、報酬は北条氏から支給されることになっており、この指令に従わない場合は小代官が懲罰を受けるという厳しい内容だ。さらに、正規軍が前線に配置されて防衛にあたるのに対し、民兵たちは後方の最寄りの城の守りにあてられる方針になっていた。

「御国御用」という大義を掲げて、国家存亡の危機を訴え、その防衛にはすべての領民が協力すべきという論理である。だが、やはり戦場に動員される庶民には割り切れない思いもあったに違いない。事実、この時期を境に北条領からは農民の欠落《かけおち》や逃亡が急増したことがわかっており、「万民哀憐《あいれん》」の国をつくるという北条氏代々の夢と理想が、強大な敵との総力戦という現実に直面して本末転倒し、大きく揺らがざるを得なかったのは明らかだ。

兵力の増強とともに、武器の増産も急ピッチで進められる。小田原に近い大磯の土を大量に運び、これで鋳型をつくって鉄砲を鋳造した。また、領内の社寺から梵鐘《ぼんしょう》を供出させ、鉄砲や弾丸の原料として確保し、それらの製造を小田原の鋳物師に急がせている。

量の確保だけではなく最新兵器の製作も行われた。抱え筒とも呼ばれる大筒（大鉄砲）がそれで、従来の鉄砲に比べて殺傷力・破壊力が高く、今でいう散弾銃を発射したような効果があった。氏直は小田原の有能な鋳物師を動員して、この大筒20挺もの鋳造を命じるなど、豊臣方の大軍に対抗すべく最新の武器を用意し軍備を整えている。

そしてもちろん、籠城戦を戦い抜くには大量の兵糧の備蓄も重要となる。各支城の領民に対しては、城主から前年の秋に収穫した穀物を郷中に一粒も残さないよう、すべて域内に搬入するように命令。当然、直轄地の収穫物は残らず小田原へと運ばれた。

小田原城に運び込まれたのは、徴用兵や兵糧だけでない。当主氏直は各支城の城主の家臣と妻子を小田原の屋敷に置くよう命じている。妻子は各支城の前戦にいては危険であると同時に、北条氏への人質として家臣の敵方への離反防止の役割を果たすと考えられたためだ。結束力の高さを誇る北条家にしてのこうした措置は、今般の合戦がまさに国の存亡を賭けた大戦であることの覚悟にほかならない。

これら人質に加え、小田原城内には近辺の農民や城下の商人、職人も籠城したために、兵士と合わせ10万を超える人々が集結していた。

このように、北条氏は徹底した籠城作戦で戦うために、諸城の大普請、民衆への徴兵、武器の調達、兵糧の備蓄、人質の確保という、領国あげての総動員体制で防衛力の強化を図り、豊臣軍の侵攻に備えたのである。

豊臣勢、小田原に向けて出陣す！

いよいよ天正18年（１５９０）が明ける。豊臣軍は東海道を進む豊臣本隊や徳川家康の主力20万、中仙道から進む前田・上杉・真田勢の北方隊３万５０００、他に秀吉に恭順した関東勢１万８０００、それに水軍１万を加え、最終的に総勢24万余を数える大軍となり、２月から各方面を発して小田原に向け進軍を開始する。

関白太政大臣としての絶大な権威と権力を握り、関東と東北を除く日本全国を平定した天下人である秀吉だからこそなせる業《わざ》であり、戦国時代史上でも空前絶後の大軍勢であった。そのかつて見たことがないような大軍勢が東海道や北方から街道を下り、海上を軍船で行く姿を目の当たりにした人々は、さぞ驚いたに違いない。

２月中には豊臣秀次、徳川家康、織田信雄ら各大名が出陣し、先鋒の徳川軍３万が24日に沼津に近い長久保城（静岡県駿東郡）に着陣。この城は北条方の山中城と10㎞も離れていないから、まさに目と鼻の先だ。翌25日には織田信雄が三枚橋城に到着。３月３日になると豊臣秀次、蒲生《がもう》氏郷《うじさと》の軍勢も到着する。

これと同時進行で、２月20日には志摩国（三重県志摩市）に九鬼嘉隆、来島通総《くるしまみちふさ》、脇坂安治、加藤嘉明、長宗我部元親《ちょうそかべもとちか》、宇喜多秀家らの１０００隻を超える豊臣水軍が集結し出航。２月27日、駿河国の清水港へ到着する。後方支援としても、大軍勢と長期の合戦を想定して、清水港に20万石を超える兵糧が運び込まれた。

３月に入ると、水軍は秀吉本隊の到着を待たずに伊豆長浜城を攻略。以降、西伊豆の防御が手薄と見た豊臣水軍は土肥高谷《といたかや》城、八木沢丸山城（ともに静岡県伊豆市）を占拠し、西伊豆の諸城と重要港を落としながら伊豆半島を南下する。一方の北条方は、伊豆半島南端の下田城（静岡県下田市）を防衛ラインとして水軍を集結させており、西伊豆の諸城砦には少数の陸戦部隊しか配置しておらず海からの攻撃に手薄であった。

秀吉の本隊は、３年前に九州平定に向かった日と同じ吉日の３月１日に京都を出発する予定で準備を進めた。２月28日には、後陽成《ごようぜい》天皇に出陣の挨拶を済ませ、聚楽第で門出の連歌《れんが》会も催している。

そして迎えた３月１日、秀吉は聚楽第から大軍を率いて、いよいよ決戦の地小田原に向かって出陣。唐冠《とうかん》の兜をかぶり、黄金の鞍《くら》をつけた馬に乗って、大群集に見送られながら京都を後に小田原へと出立した。後陽成天皇からは勅書こそ受けないものの、北条氏の討伐を名目として節刀《せっとう》（出征する将軍に賜る任命の刀）を賜っており、関白として勅命を奉じての出陣である。前後して、北方（中仙道）からは北国勢の前田利家・上杉景勝・真田昌幸・依田《よだ》康国らの北方軍が、３月15日に碓氷峠へ進軍していく。

豊臣方の基本的戦略としては、北方隊で牽制をかけながら本隊は小田原への道を阻む山中、韮山、足柄の３城の突破を図る。と同時に、水軍で伊豆半島を制圧して小田原に迫らせる作戦であった。

また、兵力で劣るとはいいながらも、北条氏側も５万余の精鋭部隊を小田原城に集結させ、そこから精兵を選抜して山中、韮山、足柄の３城に配置。主力を小田原に引き抜かれた関東各地の部隊には徴兵した男子などを宛てる。各方面から豊臣勢が押し寄せてくることは予想されたが、主力本隊が東海道を進撃するのが明らかだったため、北条勢は箱根山中での持久戦を想定した戦略を立て、一大防衛戦に臨んだ。

一方、前述のように野戦を主張したものの、却下された北条氏邦が手勢を率いて鉢形城に戻っていたほか、上野の松井田城には大道寺政繁が率いる数千の兵が、さらに館林城（群馬県館林市）にも同程度の兵が配備。このように北関東にもある程度の備えは配置されていたが、主力はあくまで小田原とその周辺に集められていたのである。

最初の誤算、あっけなく落ちた山中城

天正18年（1590）も春が近づくにつれ、豊臣軍主力が黄瀬川周辺に集結。3月27日には、ようやく秀吉が三枚橋城に到着した。翌28日、秀吉は家康とともに北条方の拠点である山中城と韮山城が見える丘に登り、これを見渡したのちに両城の攻略を指令する。その後、長久保城に入る頃合いには、出羽国（山形県）の戸沢盛安ら東国・東北の諸勢力も秀吉の下に参陣してきた。

翌29日、ついに箱根で山中城への攻撃が開始され、激戦の火蓋が切られる。秀吉は、山中城攻撃軍の大将に兵数が多く官位の高い家康ではなく、身内である甥の豊臣秀次を充てた。攻め手の兵力は豊臣秀次勢と徳川勢など、実に7万もの大軍だ。

迎え撃つ北条方は、この城を小田原防衛のために重要な防御ラインと位置づけており、武勇で知られた城主の松田康長ら松田兄弟ばかりでなく、一族の北条氏勝ら玉縄衆の援軍も城に派遣している。それでもなお、開戦の直前まで工事が続けられていた一大要塞の山中城を守りきるためには、城兵4000人ではまったく人数が足りない。攻城側との兵力差はなんと17倍である。

豊臣方の攻撃が始まったのは、朝の8時半頃だった。城の南方に増築されたばかりの岱《だい》崎《さき》出《で》丸《まる》に攻め手が殺到し、出丸守備隊は銃撃で猛烈に抵抗奮戦するが、2時間で制圧。この間、攻城側は大手からの三の丸攻略の最中に損害を出したものの、功を焦った秀次はひたすら攻撃を命じる。こうして岱崎出丸と大手に北条方の守備を集中させつつ、徳川軍は本丸から離れ手薄な西の丸を攻略することで城の欠点と守備兵の不足を突いていく。豊臣方は早い段階から山中城周辺の現地調査を行っており、戦略を練っている。大軍を動員するだけでなく、事前の準備を怠らず、城の縄張りに合わせた攻略戦術を組み立てるあたりが戦略家秀吉のしたたかさだ。

こうして、多数の損害を出しながらも豊臣方諸将の活躍により城内の曲輪は次々と陥落。西の丸が落ちた段階で命運を悟った本丸の松田康長は、北条氏勝や弟の松田康郷を逃がしている。康長は手勢２００とともに本丸の建物に籠っていたが、最後には怒涛の大軍に押し切られて敵味方一緒に櫓ごと堀へ転落。北条流築城術の粋を集めた山中城は午前中のうちに落城してしまった。北条方の戦死者は約２０００人とされる。

小田原の西の守りにして鉄壁のはずだった山中城が、わずか数時間で落ちたという事実は、小田原の北条陣営にとってまさに衝撃であった。予想に反して、あっけなく箱根峠の要塞を突破された北条方は驚愕し、小田原城内は混乱状態となる。同じく箱根越えの要衝であった足柄城では、北条氏忠と北条氏光がこれを守っていたが、山中城陥落の報に接すると主力兵をまとめて城を放棄。このあたり、北条側はショックのせいで戦わずして敵に呑まれている様子がありありで、足柄城もまた徳川勢の井伊直政隊により戦闘らしい戦闘もないまま、4月1日に落城してしまう。河村城、河村新城（神奈川県足柄上郡）もこれに続いた。

韮山の激戦、秀吉も認めた氏規の抵抗

こうして、山中・足柄の両城を中心とした小城砦の堅固なネットワークである〝箱根十城〟もすべて陥落ないしは放棄され、小田原城以西はあっという間に豊臣方の勢力圏となった。行く手を阻むはずであった箱根の要塞が次々に落ちていくなか、豊臣方の先鋒部隊は無人の野を行くがごとく4月3日には早くも小田原に到着する。

一方、伊豆の韮山城では織田信雄率いる4万を超える大軍が、北条氏規《うじのり》率いる4000弱の守備隊を囲んでいた。豊臣軍は城の周囲に土塁や柵、堀、逆茂木《さかもぎ》を何重にも巡らして包囲を固め、3月29日に総攻撃を開始。これに対し、城方は弓や鉄砲を巧みに使い、頑強

に抵抗する。豊臣方の福島正則隊が突撃を敢行して猛襲をかけたが、氏規はひるまず反撃に出てこれを撃退。少数の兵によって頑強に抵抗する氏規の指揮の巧みさは、敵も称賛したといわれるほどの善戦ぶりであった。

要塞堅固な地形のうえに、城主の指揮の巧みさと城兵の士気の高さに支えられ、韮山攻めは長期戦に入る。わずか半日で落城した山中城とはまったく反対に、韮山城は孤立無援のなか６月24日まで籠城戦を戦い続けた。即時の落城は不可能と悟った秀吉は、韮山城を最小限の兵力で包囲したまま、織田信雄などの主力に小田原方面への転進を命令。氏規は、秀吉からも「敵ながら天晴《あっぱれ》」の評価を得るに至ったのである。

結局、籠城方は４カ月以上の間を凌いだが、秀吉が徳川家康を交渉役として派遣し、領内の城が次々に落城している現状を伝え説得したため、もともと非開戦派であった氏規は降伏に応じ、以降は小田原開城のための説得工作に尽力した。

このように両軍陸戦部隊の攻防が続くなか、豊臣方水軍は下田へと到達している。

下田城は北条氏直から全権委任を受けた清水康英が守備していた。康英は前年から西伊豆の諸城から兵と船を引き揚げ、下田城にすべてを集中させ待ち構えていたのだ。対する豊臣方は大型の安宅船《あたけぶね》などを動員し、手薄であった西伊豆を瞬く間に支配下に置くと、４

月1日に下田城攻めを開始する。西伊豆から上陸した部隊は陸路からも城に迫ると同時に、豊臣方の加藤嘉明らは下田港に上陸すると街を焼いて出丸を占拠。そのタイミングで、山中城落城により陸上部隊の進軍が速まったことを受け、秀吉からの小田原海上封鎖が指令されたため、主力の羽柴秀長や宇喜多秀家ら水軍の主力は東伊豆を北上した。

その後、清水康英は総兵600余で約20日にわたって籠城し抵抗を続けるが、攻城勢として残った長宗我部軍による海上からの砲撃もあって、4月23日には降伏開城する。支配下の伊豆水軍の最大拠点を失った北条方は、その後も次々と水軍諸城を落とされて制海権を失い、海上からも小田原市街の包囲を受けることとなった。

空前の小田原城包囲網と石垣山〝一夜城〟

箱根山の防御ラインをあっという間に突破されてしまった北条軍は、小田原城の守備固めに奔走する。周囲9㎞にも及ぶ惣構《そうがまえ》を誇る当時日本一の巨城には、櫓《やぐら》や物見台が隙間なく配置され、城下を取り囲む長大な大土居《おおどい》にはいくつも出入口があり、早川と酒匂川《さかわ》を自然の外堀とし、外郭線の堀は水濠として固めていた。

本丸には、北条氏政・氏直の父子、東側の酒匂口には上田朝広（松山城主）と山角《やまかど》定勝、

豊臣軍による小田原城攻略ルート

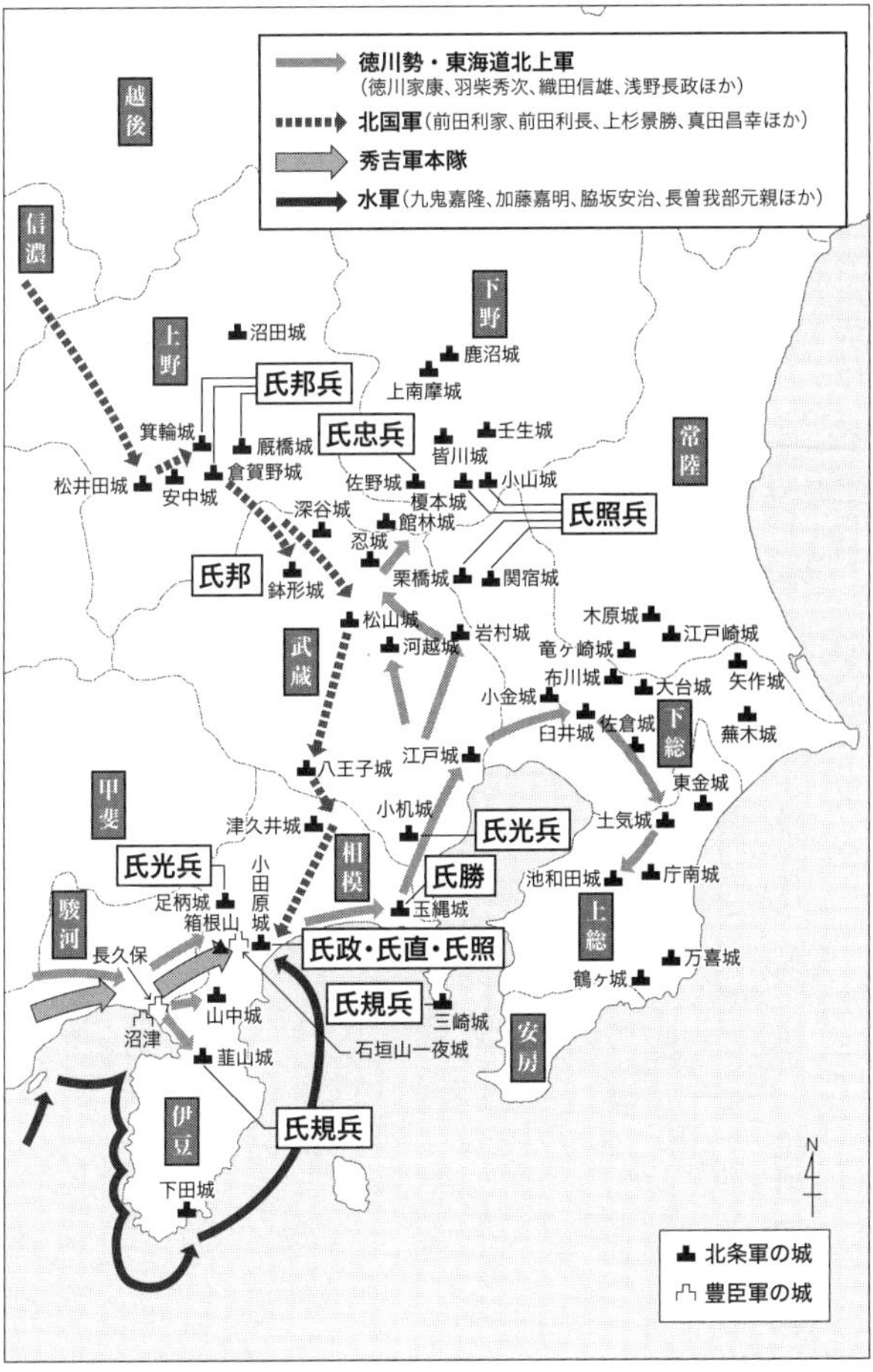

『小田原城合戦』（下山治久／角川書店）の図版を参考に作成

渋取口には内藤綱秀（津久井城主）と小幡信定、北側の井細田《いさいだ》口・久野口・荻窪口には北条氏房（岩付城主）に加え、長尾顕長と北条直重、水之尾口には北条氏忠、早川口には松田憲秀と北条氏照らの軍勢が総勢5万7000の兵士で布陣。このほか、前述のように周辺の農民、城下の商人、職人、そして各支城の離反防止のための人質として多くの婦人や子供が入城しており、総勢で10万人もの人々が籠城していたことになる。それを養うだけの兵糧米も十分に備えており、1～2年の籠城戦にも耐えられる準備がなされていた。

かたや、この巨大な小田原城を取り囲んだ豊臣勢はさらにスケールが大きく、15万を超える大軍勢による一大包囲網をつくり上げる。長大な大土居の外側に堀、塀、柵、逆茂木などをびっしり構築して、蟻のはい出る隙間もないほどに完全包囲。北条軍は出撃どころか逃亡すら完全に妨げられ、各支城への援軍や情報伝達も不可能となった。

4月中旬における、豊臣軍による小田原城の包囲状況は次の通りである。

まず、西南の端から脇坂安治、池田輝政、木村重茲《しげこれ》、羽柴藤五郎、羽柴左衛門督《さえもんのかみ》、細川忠興、織田上野介、宇喜多秀家、蜂屋頼隆、石田三成、大谷吉継、秀吉の馬廻衆、浅野長政、増田《ました》長盛、織田信雄、中村一氏《かずうじ》、堀尾吉晴、豊臣秀勝、黒田如水《じょすい》、蒲生氏郷、徳川家康、長宗我部元親、加藤嘉明の陣所が配置されている。

また、西の山の麓には秀吉の馬廻衆、西北にも同じく秀吉の部隊、東の山麓には徳川家康の諸部隊が所狭しと布陣している。そして北西の隅、北条一族にとって魂の拠り所ともいうべき早雲寺には「関白様只今の御座所」とあり、秀吉の本陣が置かれていた。まさに立錐の余地もない完璧な包囲網が構築されたのである。

とはいえ相手は天下の堅城であり、いざ力攻めをしようとすれば決して簡単には落城しない。籠城戦は軍事の世界では「攻撃3倍の法則」といって、攻め手は単純に守備側の3倍の数を必要とするというが、この場合に当てはめると包囲する豊臣勢は15万、守る北条勢は戦闘員だけでも5万7000であるから、攻め手は3倍にはまだ足りない。秀吉がそんな法則を知っていたかは疑問だが、有名な高松城の水攻め、三木城の干し殺しの例を見ても、力による城攻めが容易でないことは経験上で十分わきまえていたはずだ。

そこで、秀吉はまたしても奇想天外な策に出る。それが、有名な石垣山城の築城だ。

4月5日に早雲寺に本陣を置いた秀吉は、小田原攻めに時間がかかると読んで陣城（臨時の城）を造ることを決定。小田原城の西方3㎞にある笠懸山の山頂に巨大な陣城を構築し、北条方を威嚇するのが目的である。臨時造りの陣城とはいえ石垣や櫓を備えた本格的な近世城郭で、関東で最初に造られた総石垣の城ということから石垣山城という名がついた。約3~4万人を動員し、80日で構築され、6月26日には秀吉が本陣を移している。

秀吉は、小田原城から見えないよう隠しながら築城工事を進め、完成後に周囲の木を一気に伐採。北条方からはまるで一夜にして築城されたかに見えた。後代〝石垣山一夜城〟とも呼ばれるのはそれ故である。いかにも人を食った、秀吉らしい派手な演出だ。

この石垣山城の突然の出現が、北条勢を驚倒させたことはいうまでもない。秀吉の持つ権力をまざまざと見せつけられ、北条勢は精神的にますます追い詰められていった。そんな相手の焦りをよそに、秀吉はこの城で千利休を招いての茶会を開いたり、勅使を迎えたりと悠然と過ごし、大坂から側室の淀殿まで呼び寄せている。

伊達政宗の屈伏と「関東の連れ小便」

この石垣山城を建造している最中には、また興味深いいくつかのドラマがあった。

小田原城の陣中で氏直が支援と後詰《ごづめ》を最も期待していたのは、ほかならぬ伊達政宗である。天正17年(1589)6月、会津の蘆名《あしな》盛重を陸奥《むつ》黒川城(福島県会津若松市)から追い出した政宗は、秀吉から「会津を返還しなければ容赦しない」と言明されていた。

氏直と政宗の間には正式な同盟関係はなかったが、秀吉は小田原攻略後に奥羽を平定する考えであったから、対秀吉外交においては一蓮托生の関係にあった。

　以前から通交のあった両者であるが、秀吉が小田原攻めを決定した後、北条氏は正宗への接近を活発化させる。この天正18年（1590）1月下旬には、氏直の使者として月斎《げっさい》吟領《ぎんりょう》を正宗のもとへ派遣。3月にも、出陣を要請する氏直の直書を持って使者が送られ、正宗に接見して伊達方の歓待を受けた。

　席上では、当然ながら秀吉への外交対応について話し合われたに違いない。しかし、一方で同じ時期に前田利家や浅野長政ら豊臣方家臣からも、政宗に対し秀吉への服従が促されていたのも事実である。両陣営からの誘いに悩んだ政宗ではあるが、豊臣方の圧倒的優位の戦況を見て、3月25日になって小田原の秀吉への参陣を決断した。だが、すでに籠城し外部との連絡が取れなくなった氏直には、頼みの綱の政宗を失ったことを知る術もない。

　6月5日、かねてから参陣要請を受けていた伊達政宗がようやく小田原に参陣してきたが、秀吉は立腹して謁見がかなわない。26日になり、完成直後の石垣山城で秀吉と対面するが、その折の政宗は死を覚悟して白装束で現れ許しを乞うたという。ここで秀吉は、政宗に会津の没収を伝え、奥羽の仕置を命令する。これは北条氏にとっての最後の望みであった伊達政宗もまた、秀吉の軍門に下ったことを意味している。

もうひとつの有名なドラマは「関東の連れ小便」だ。ある日、徳川家康を普請中の石垣山城へ招いた秀吉は、小田原城が見渡せる場所で並んで立ち小便しながらこう告げた。

「小田原城が落ちたら、関八州《かんはっしゅう》を進ぜよう」

家康はこの突然の命令に絶句する。関八州を与えるといえば聞こえはいいが、要はこの戦が終ったら、本領だった東海から関東へ国替えをすると命じられたのである。

秀吉にしてみれば、家中の結束力が高く、諸大名からの信頼も厚い家康をより東に遠ざけたい。家康にとっては、150万石から250万石への領国拡大であるから表面的には出世でもある。だが、それは一方で、これまで築き上げてきた東海の領国からまったく未知の関東への転封《てんぽう》（所領を移すこと）であるから大いに落胆であった。この秀吉の思惑と家康の苦悩は、その後の天下の帰趨に少なからぬ影響を与える。

家康は秀吉から関東取次を任命されたときから、この展開を予想していたのかもしれない。いずれにせよ、秀吉の頭の中はこの時点においてすでに北条氏の関東支配の終焉と、その後の国づくりに進んでいたのは間違いない。

秀吉はまた、完成した石垣山城に入城すると、それまで陣を置いていた北条氏菩薩寺の早雲寺を焼き払った。この小田原攻めで、秀吉は北条氏の文化をも圧殺したのである。

北方軍、碓氷峠を越えて関東へ侵攻

豊臣本隊の進撃と平行して、信濃から上野を経て小田原を目指す北方隊も押し寄せた。前田勢・上杉勢らの北国勢と、途中で合流した真田軍などの信州勢を主力とする北方隊は、いよいよ碓氷峠を越えて関東平野の北端にあたる上野国に侵攻してきた。松井田城主の大道寺政繁はこれを迎え撃つが、真田軍と激戦の末に城へと退却して籠城を図る。北方軍は総勢３万５０００。対する松井田城守備隊はわずか２０００。小田原へ精兵を割いたこともあり、城側は圧倒的に劣勢であった。

３月20日に始まった総攻撃をどうにか防いだ大道寺勢だったが、北方隊は城を包囲したうえ周辺地域に放火し、休むことなく波状攻撃を続けた。しかし、城兵の必死の抵抗により城攻めは遅々として進まない。そこで、北方隊は松井田城を包囲したまま、周辺の城塞を攻略していく作戦に切り替える。

一方、東海道方面では予想以上に小田原城包囲が早まることとなり、秀吉は伊豆の水軍と同様に松井田城攻略を急ぐよう督促。焦った北方軍が力押しの攻撃を続けるなか、守将の政繁は激しく抵抗するが、北方軍の猛攻の前に曲輪をひとつずつ落とされ、水の手を断たれ、兵糧も焼かれ、ついに総攻撃から1カ月後の4月22日に降伏開城する。捕らわれた政繁は、断腸の思いで以後の北方隊の道案内をすることとなった。

こうして難関の松井田城を落とした北方隊は、4月17日頃に国峯城（群馬県甘楽郡）と宮崎城（群馬県富岡市）、19日には厩橋《うまやばし》城、24日に箕輪《みのわ》城、5月22日に武蔵松山城、他にも新田金山城（群馬県太田市）、石倉城（群馬県前橋市）など上野から武蔵北西部の拠点を破竹の勢いで攻め落としていく。どの城も松井田と同じく城主や主力の侍が小田原城に詰めており、少数の家臣と近隣の領民しか残っていなかった。彼我の圧倒的な戦力差のために士気が消沈し、降伏開城するか、あるいは絶望的な玉砕をするほか選択肢がないという厳しい状況に追い詰められた。

さらに、踏みにじられる北関東の北条勢に対し、南から新たな脅威が加わった。小田原城の包囲が想像以上に早く進んだのを受けて、秀吉が包囲勢から主に徳川の兵力を分けて武蔵に進撃させたのである。2万の支援軍は、武蔵に入って小机城、江戸城、葛西城と、北条方の支城を次々に陥落させる。そのほとんどが家康の巧みな交渉による降伏開城で、北条氏としては当初の各支城における籠城戦を貫けなかったのは大きな誤算だった。

こののち北方支援部隊は二手に分かれ、一方は下総《しもうさ》方面へ向かって5月中に小金城（千葉県松戸市）、臼井城（同佐倉市）、本佐倉城（同印旛郡）、東金城（同東金市）、土気《とけ》城（同千葉市）、庁南《ちょうなん》城（同長南町）、椎津《しいづ》城（同市原市）などを、無人の野を進むがごとく落としていく。あまりに速いその進撃には、秀吉も「房総諸城の攻略は（あまりに簡単過ぎて）戦功として認めない」と、指揮を執る浅野長政宛てに書面で伝えているほどだ。

その間にも、先に分かれたもうひとつの部隊は武蔵国に侵攻し、5月20日には岩付城が落城。南下してきた北方軍と合流後は、松山城、そして氏康はじめ代々の当主が関東支配の核とも位置付けてきた要衝の河越城が落とされてしまう。

河越城の本来の守将は先に松井田城で降伏した大道寺政繁であり、嫡子の直英（大道寺隼人）が大道寺氏の留守守備部隊を指揮していた。しかし、政繁の降伏を受けて河越城も降伏。大道寺氏の軍は北方軍の道案内を務め、各城攻めにも加わっている。また、箕輪城のようにその後内紛が原因で城を開けわたしたケースなどもあり、どんな大国も周囲から崩壊するときは驚くほど脆いものと、歴史の非情を感じるばかりだ。

とはいえ、北条氏がけっして弱かったわけではない。そのことは、勇将が指揮を執って激しい抵抗を試みた松井田城や韮山城などで、敵方が攻めあぐねて侵攻のスピードが極端に落ちている点を見ても明らかだ。事実、それは城内の戦力が充実し戦闘意欲が高かった鉢形城や八王子城における、凄惨な死闘によって証明されることとなる。

鉢形城の死闘、〝浮き城〟忍城ついに落ちず

北方軍は、いよいよ北条方有数の防衛拠点である鉢形城に迫ってきた。

城を守るのは、氏政の兄弟衆として内政、軍事とも功績の大きい重鎮北条氏邦である。前述のように、氏邦は小田原での籠城策にひとり反対し、野戦策を提言するも受け入れられず、その憤懣もあってか、小田原を出て自城に戻って北の守りについていた。

戦端が開かれたのは5月19日。前田利家を総大将とする北方軍総勢3万5000に対し、城内の兵力3000という圧倒的な戦力差のなか、東方の搦手《からめて》から前田勢、南方の追手《おいて》からは上杉勢、西方から徳川の手勢、そして北方からは真田勢が数にまかせて突撃してくる。これまでの攻城戦では、ここで城側が総崩れになるところ、しかし猛将氏邦が守る鉢形城は違っていた。決死の防戦を繰り広げる城兵は攻め手をおおいに苦しめ、たびたび撃退された豊臣勢は6月に入っても外曲輪ひとつ落とせないという戦況だった。

長期戦に業を煮やした秀吉は、こちらも膠着状態の忍城《おし》（埼玉県行田市）攻めに加わっていた北方支援部隊の浅野長政に鉢形城攻撃の援軍を指令。態勢を組み直した豊臣勢によ

り6月10日に再度の総攻撃が開始される。しかも、この折は北方支援部隊に参加の徳川の猛将本多忠勝の手勢が、城を見下ろす山上に大砲を運び上げて雨あられと撃ち掛けたため、城内の被害は甚大となった。乱戦のなかに多くの城兵が討死を遂げた。結局、最初の攻撃から1カ月もの激戦を経た6月14日に、氏邦は城兵の助命を条件に降伏した。

自らの策が容れられず、決死の奮戦むなしく敵に自城を明け渡したうえ、絶望的な小田原の状況を知らされた氏邦の心中はいかばかりだったか。その無念と将としての器を惜しんだ前田利家が、秀吉にその助命を嘆願した。それによって氏邦は剃髪するのみで一命を許され、のちには前田家家臣として生き抜いていくことになる。

一方、同じ頃には武蔵国の忍城でも長期にわたる籠城戦が続けられていた。ここもまた城主の成田氏長・泰親兄弟は主力とともに小田原にあって、城内は留守部隊と近隣の領民だけという状態。加えて守将を委ねられていた氏長の叔父泰季が戦の直前に亡くなり、急遽、泰季の子の長親に代行が決まるという危うい状況にあった。しかし、長親を慕う家臣と領民一丸となって、石田三成を大将とする包囲軍に一歩も引かぬ気概を見せる。

城はもともと北を利根川、南を荒川に挟まれた立地にあり、秀吉は三成に利根川の水による水攻めの策を与えたが、これが大失敗だった。豊臣勢は川から城までの長大な堤の築堤を進めるが、川の水量が貧弱だったため当初はものの役に立たぬまま。いざ増水すると、今度は領民がひそかに堤の一部を切ったため、逆流した水で攻城側に溺死者が出たうえ、城周辺は一面すさまじい泥の海となって人も馬も進めず、力攻めもできなくなる。

三成や副将の長束正家、鉢形城を落として急ぎ戻った浅野長政、さらに戦上手をうたわれる真田昌幸・信繁親子らが総掛かりでもどうにもならない。秀吉は秀吉で成功体験のある水攻めを徹底せよといきり立つなか、満足な兵力もない城は〝浮沈艦〟のごとく泥海にびくともしない。結局、小田原城が落城後の7月17日、城主の氏長が遣わした使者の説得でようやく開城した。忍城は、こののち「浮き城」「亀城」の名で称えられ、近年も小説『のぼうの城』（和田竜著）とその映画化で歴史ファンにはおなじみとなっている。

〝最終防衛ライン〟八王子城の無残な落城

4カ月にわたり南下を続けてきた北方軍は、ついに6月23日、北条氏の誇る名城八王子城を囲むに至った。氏政の弟氏照の居城であるこの城は、甲斐と武蔵の国境を守備する最重要拠点で、関東の山城としては比類なき大城郭である。氏照は氏政とともに、秀吉との決戦をうたう旗頭で、関東侵攻の突撃隊長として長年活躍した武闘派だったが、残念なことに当時は小田原城の籠城に加わっていた。和平推進派の氏直や氏規に対抗し、主戦派の氏政を守るために小田原城総奉行を務めたともいわれている。

　攻城側は上杉景勝・前田利家らの部隊約1万5000人、対する守城勢は城代の横地吉信をはじめ家臣および近隣の農民や婦女子らを含めても約3000人と、ここでも圧倒的に不利な状態である。そのうえ、非情にも先に松井田城で降伏開城した味方の大道寺政繁の手勢や、松山城で降伏した3000余騎も攻撃軍に加えられていた。

　6月22日深夜、北方軍は城の近くに陣を張り夜明けを待っていた。前田利家は早朝からの総攻撃を前に、降伏を呼びかけたが、籠城軍は勧告の使者を斬り捨てる。降伏の意思がないことを知るや否や、北方軍は総攻撃を開始。守備の陣容は、本丸に横地吉信、中の丸には中山家範と狩野一庵、山下曲輪は近藤綱秀、金子曲輪は金子家重と、氏照家臣の歴戦の勇士が固める。

　先鋒は元北条方の大道寺政繁の松井田勢、そして上野国衆が命じられ、朝霧のなかを総攻撃の合図とともに鬨《とき》の声を上げながら山下曲輪へと突撃。近藤綱秀は決死の覚悟で防戦にあたるが戦死。

　前田利家の本隊は金子曲輪を激戦で落とし、中の丸の攻撃に移った。北条方の抵抗は凄まじく、大石や弓矢を雨のように降らせ、北方軍にも相当の損害を与える大乱戦となる。

一方、上杉勢は大道寺勢と同地の地理に詳しい藤田信吉《のぶよし》の家臣から得た情報で、搦手口から攻め込み、一気に本丸目指して突き進んだ。これを迎え撃った本丸の主将横地吉信は必死に抵抗したが、数に優る上杉勢にじりじりと追い込まれる。

いよいよ落城も時間の問題になると、氏照の居館のある山麓の御主殿曲輪にいた婦女子は、城山川の滝壺に次々に身を投げた。このなかには、夫の留守を預かる氏照正室の比左も含まれていた。こうして、実力者北条氏照が情熱を傾けて築いた八王子城は、孤立無援のまま、たった半日で落城する。

城代の横地吉信は脱出したが、付近にて切腹。あげられた将兵の首級は、ただちに城主の氏照も籠る小田原城に運ばれ、堀に浮かべた舟の上に梟首《きょうしゅ》される。捕虜にされた者は小田原城の城門近くで晒しものになった。最後の望みであった八王子城の陥落を残酷な形で知らされた北条方は、痛烈なショックとダメージを受けたことはいうまでもない。

離反、内通、果てしない評定の果てに……

この間、北方軍や支援軍が関東の城攻めを続けるのと並行して、小田原でも状況は変化していた。北条方に対しての開城の勧告は5月下旬頃から始められており、そのための交渉は氏直にとっては岳父となる徳川家康や諸大名に顔の利く織田信雄、さらには支城攻略に当たったった複数の大名など、幅広いルートで行われていたようだ。

完全包囲網のなか、戦闘はほとんどなかった。強いていえば、北条氏房勢が蒲生氏郷勢に仕掛けた夜襲と、徳川方の井伊直政勢が蓑曲輪に仕掛けた夜襲、そして6月25日夜半に捨曲輪を巡る攻防があったぐらいである。それ以外は、互いの陣から散発的に鉄砲を撃ち掛けるくらいのものであった。包囲する大軍にとっては合戦というよりも遊山のような気分、逆に籠城側には先の見えない不安とストレスから日ごとに厭戦気分が募っていった。

そんな一見のんびりと、しかし彼我の非情な立場の違いを物語るのが、この時期に秀吉が詠んだ一句だ。「鳴き立てよ北条山のほととぎす」つまり、「小田原城の北条一味よ、もっともっと泣きわめけ」との含意に、猫が鼠をいたぶるような秘めた残虐さが表れている。

そんななか、北条氏側からも離反の動きが見え始めた。まず4月9日に小田原城中の皆川広照が豊臣軍に投降し、6月初旬には調略に応じた上野の和田信業《のぶなり》の家臣と箕輪城からの兵が城外に逃れている。そして6月16日には、なんと北条家の宿老筆頭である松田憲秀の長子笠原政晴までが数人の仲間とともに豊臣側に通じていたことが発覚する。この裏切りを政晴の弟松田直秀によって知らされた氏直は、ただちに政晴を成敗している。首謀者である政晴は以前にも敵対していた武田氏へ寝返った前歴をもち、再びの離反ではあったが、一説には父憲秀自身も加担していたといわれる。だとすれば重臣による内通という事態は北条氏内部がすでに統制不可能な状況にあったことを想像させよう。

事実、その数日前には氏政の母である瑞渓院《ずいけいいん》と、継室の鳳翔院《ほうしょういん》が同日に死去しており、これは城内の混乱に絶望しての自害と見られる。氏康の妻として多くの子を成し、北条氏の繁栄を陰で支えた瑞渓院としては、急転直下で滅亡を目前とするに至った一族の命運をこれ以上見るに忍びなかったに違いない。開城すれば一命は救われるかもしれないが、従《しょう》容《よう》として死を選んだ心中は哀れでもあり、また天晴ともいえる。

6月も下旬を迎えると、前述のように八王子城落城の事実を知らされ、また突如として目前にそびえた石垣山の一夜城の出現も城内に大きな動揺をもたらしたことはいうまでもない。こうした動きを見て、攻城側は韮山城を明け渡して投降した北条氏規を開城への説得に遣わしている。

勝利が絶望となるなかで、玉砕か、籠城を続けるのか、降伏するのか。降伏するにも、どのような条件で降伏するべきか。究極の選択が迫られていた。抗戦派の氏政や氏照と開城を主張する氏直や氏房。家臣や諸将も加わり何度軍議が開かれても、一向に結論に至らない。徹底抗戦か、開城降伏か、城内では連日紛糾する「小田原評定」が延々と続く。

実際には、この6月に入る頃、氏房、氏規など氏直の側近らによって、前述した徳川家康と織田信雄を窓口とした和平交渉が進んでいたらしい。伊豆・相模・武蔵領を安堵する条件での講和交渉が行われたが、その条件を北条氏が受け入れない。そこで秀吉は、家臣の黒田孝高《よしたか》と織田信雄家臣の滝川雄利《かつとし》に命じて再交渉に当たらせ、氏房を通じて氏直と氏政に降伏するよう勧告している。

しかし、この頃にはすでに「関東の連れ小便」の逸話で紹介したように、北条領は徳川家康に与えられることになっていた。したがって、本当のところは秀吉にとって北条氏の領国安堵など論外だったのである。

小田原開城、〝関東の雄〟北条氏ここに滅ぶ

ギリギリの交渉が続くなかで、7月5日ついに氏直は開城を決断する。

城を出た氏直は氏房とともに滝川雄利の陣へ赴き、己の切腹と引き換えに城兵を助けるよう申し出た。この願いは直ちに秀吉へ伝えられたが、氏直の切腹は受け入れられない。

秀吉は氏直のこの申し出に対し「神妙」と感嘆しながらも、ここまで徹底抗戦した城兵すべてを助命する「法度《はっと》（掟、ならい）」はないことを理由にこう沙汰を下した。

「前当主である氏政と御一家衆筆頭として氏照、及び家中を代表するものとして宿老の松田憲秀と大道寺政繁に開戦の責があるものとして切腹」

つまり、戦争責任者として北条氏政、北条氏照、松田憲秀、大道寺政繁の切腹と、北条氏直の助命・蟄居が裁定されたのである。秀吉は7月7日から9日にかけて片桐且元《かつもと》と脇坂安治、榊原康政の3人を検使とし、小田原城受け取りに当たらせた。小田原城内の北条方の将兵や子女、農民、商人、職人たちは、長い籠城生活に疲れ果てながらも解放感と安堵感を味わいながら、そしてその後の生活に大きな不安を抱えながら城を出ていった。

7月10日、最後まで城内に残った氏政と弟の氏照が小田原城を出て、家康の陣所に移動する。そして翌11日、康政以下の検視役が見守るなか、地元の医師である田村長伝《ちょうでん》の屋敷で、氏規の介錯により切腹した。氏政と氏照は、次のような辞世の句を詠んでいる。

「我身今 消ゆとやいかに おもふへき 空よりきたり 空に帰れば」

（私の身は今消えてしまうが、これをどう思えばいいのか。無より生まれ、無に帰ると

いうことなのだろう）

「雨雲の　おほえる月も　胸の霧も　はらいにけりな　秋の夕風」

（月を覆う雨雲も、私の胸の霧も秋風に払われて、思い残すことは何もない）

北条氏政

「吹くと吹く　風な恨みそ　花の春　もみじの残る　秋あればこそ」

（吹く風を恨むのではない。花の散らぬ春や紅葉が残る秋などあろうはずがない）

「天地《あまつち》の　清き中より　生まれきて　もとのすみかに　帰るべらなり」

（雨や土の清らかな自然のなかから生まれ、もとのすみかに帰っていく）

北条氏照

初代北条早雲から１００年にわたり、この関東で栄華を極めた北条氏はここに終焉する。そのすべての責任を背負いながら、辞世にある通りの無心の境地で氏政は命を絶った。享年53。そんな兄の後を追って、氏照も51歳の生涯を終えた。

氏政・氏照兄弟の介錯役だった氏規は、兄たちの自刃後に追い腹を切ろうとしたが、居合わせた井伊直政に止められ果たせなかった。2人の首級は、その数日後には京都の聚楽第の橋に晒される。これにより、京の人々に小田原落城が衆知されたのである。

他方、氏直は徳川家康の婿でもあったためか助命され、蟄居を命じられる。家康の娘の督姫と離縁し、家臣300人とともに紀伊高野山へと追放された。北条氏の若き当主も、存亡の危機のなかで指導力を十全に発揮できず、さぞ無念であったことだろう。この後家康を中心に氏直に対する赦免運動が行われ、翌年2月には赦免の沙汰が伝えられるとともに、8月には1万石が与えられたが、失意のまま11月に病死している。

小田原合戦はその幕を閉じ、戦国大名北条氏は滅亡した。関東の雄といわれた北条氏は、天下人となった豊臣秀吉の圧倒的な力に押しつぶされたのである。

小田原合戦に参陣した諸大名は帰国する者もいたが、そのまま秀吉の奥羽平定に参加する者が多く、次々に小田原から東北へ向かっていった。小田原開城後、秀吉は関東仕置を断行。徳川家康に北条氏の遺領である関東6カ国を与え、命じられた家康は駿河へは戻らず、家臣を率いて即座に北条氏の旧領である関東に入府する。

こうして「関東に撫民政治の新たな独立領国をつくる」という北条五代の壮大な〝夢〟は、歴史の彼方へ儚く消えていったのだった。

終章

北条五代、その夢と挫折

分権主義による先進的な領国統治

戦国時代は、いつ始まって、いつ終わったのか。学者や研究者など専門家の間では、さまざまな解説があるようだが、14世紀中頃から15世紀末までの約100年余の時代区分だと解説されるものが多い。具体的には、「応仁・文明の乱」(1467~1477)で始まり、「関ヶ原の戦い」(1600)の頃までの間に、戦国大名が領国拡大にしのぎを削り合戦が続くなかで、やがて豊臣秀吉と徳川家康による天下統一に向かう。この時代が戦国時代と呼ばれているわけだ。

本書でここまで見てきた、北条早雲の伊豆討入(1493)に始まって、豊臣秀吉の小田原征伐(1590)までの約100年間。北条五代が戦国大名として活躍したこの時代は、まさにこの戦国時代に合致する。数ある戦国大名のなかでも、戦国時代の始まりから終わりまで、代々にわたり第一線で生き抜いた大名一族は、北条氏以外に見当たらない。

つまり、戦国時代は北条早雲の関東進出に始まり、北条氏直の小田原合戦に終わったともいえるのである。この北条五代の100年の栄枯盛衰は、戦国時代の日本の領国統治を学ぶうえで実に興味深く、現代を生きる私たちにも大きな教訓を与えてくれる。本書を読んでいただき、そうした感想を持った方も多いだろう。

それでは、北条五代の持つ特異性とは何だろうか。他の戦国大名と比べて、どんな特色を持っているのか、本書の終わりにもう一度考えてみたい。

その第一は、分権主義である。

北条氏には有力戦国大名としては珍しく、中央の政治を支配したいという権力欲が見られない。他の有力戦国大名が目指した、弱体化した室町幕府を倒す、上洛して天下を奪うといった目標には関心がなかったのではないか。その代わり、関東を平定し理想の領国をつくることを目標にして、五代にわたり関東での領国拡大と領国支配に専念したのだ。

たとえば、織田信長は天下布武を掲げて、強力な軍隊をもって他国を侵略し、天下人レースの先頭を切った。その後を継いだ豊臣秀吉も徳川家康も、戦国の世を終わらせようと天下統一、つまり自身による中央集権国家の確立を目指した。北条氏にとって同じ東国のライバルであった今川義元も、武田信玄も、あるいは上杉謙信も、上洛を目指して軍事行動を起こしている。しかし、北条氏だけは戦国の時代が続くなか、どのように周辺の状況が変わろうとも、常に関東に拠点を置き領国統治を確立するため——いいかえれば、東国の関東に分国をつくることを第一に行動したのである。

つまり、天下統一に向けて動き出した西国の政治・軍事情勢を観察しながらも、群雄割拠で秩序が乱れた東国の平定を目標に、あくまで分権型の国づくりに邁進したのが北条氏なのである。これはすなわち、日本統治において東国の西国からの分権を目指していたということではなかろうか。

さらに、北条氏は領国統治の手法でも他に類のない分権主義を貫いている。本城に対する支城制を確立することによって、領国内の軍事・行政・地域振興の権限を各支城の城主・城代・家臣団に移譲し、先進的な地方分権体制を構築していったのだ。各支城の領域で検地を実施し、農地と石高・貫高《かんだか》を計り、徴税し、徴兵する。楽市を興し、地域経済の活性化を図る。小田原本城と支城、そして宿場町をつなぐ伝馬《てんま》制を敷き、物流を促進する。本拠地小田原を中心としつつも、伊豆の韮山城、東相模の玉縄城、南武蔵の小机城と江戸城、西武蔵の八王子城、北武蔵の鉢形城、東武蔵の河越城などの支城に領域の統治実務を任せ、分権型のネットワーク構築を図り、領国全体を機能的に統治したのである。

領主としての強大な権力と権威で、一極集中型の領国支配を強制する戦国大名が多いなかで、北条氏の支城制による分権型の領国統治の手法は極めて珍しい。

中央集権か地方分権か、という命題はいつの時代でも政治改革の大きなテーマだが、日本の封建時代においても国家統治と領国統治における重要な改革テーマだっただろう。そうした点で北条氏の領国経営は、分権型統治の先駆的事例であったことに間違いはない。

さらに、北条氏は家督相続、つまり代替わりによる権力の継承に対しても分権的であった。二代氏綱から、三代氏康、四代氏政、五代氏直への代替わりは、当主が50歳前後で確実に実行されている。現当主が健康で元気であっても、後継者をしっかり育成し、余力を残しつつも隠居して嫡男にバトンタッチする。これもまた、戦国大名家としては他に例を見ない。ひとたび握った権力は生きている限り行使し続けたい、というのは為政者の本性《ほんせい》であり、古今東西、権力はそれが強大なものであるほど長期化し、それによる権力闘争は日常茶飯事といっても過言ではない。結果として、権力の強大化と長期化は必ず政治の腐敗や衰退をもたらしてきた。

事実、武田氏、上杉氏、豊臣氏など他の多くの戦国大名も、当主への権力集中とその長期化によって一族内でのトラブルに陥っている。現代の政治においても多選自粛を公約していた首長が自らの前言を翻《ひるがえ》し、多選を続け政治を混乱させて政治不信を募らせている例は枚挙にいとまがない。

実は、それがどのような政治体制でも、政治権力の移譲と継承をスムーズに行うことは非常に難しい。そうしたなか、北条氏は見事に当主の権力抑制と後継者育成を行って家督を相続し、政治権力の継承を代々トラブルなく実現したのである。封建時代の政治においても、現代の政治においても困難な権力の〝時間的分権〟を、確実に実行しているのだ。これひとつを見ても、北条氏の政治倫理、政治道徳のレベルの高さには驚かされる。

このように北条氏は、全国規模では西国と東国による国家統治の分権、領国にあっては支城制による領国統治の地域的分権、さらには将来を見据えた家督相続による時間的分権を基本理念とし、領国支配の確立を目指した。いわば、分権主義を代々のモットーとした実に先進的な戦国大名だったのである。

一族と家臣の団結力とチームワーク

北条五代が持つ特異性として、次にあげたいのが親兄弟と家臣の連携・協働による団結力の強さである。

そのことは、早雲、氏綱、氏康、氏政、氏直の五代にわたり、家督をめぐって親子間や兄弟間の諍いがまったくといっていいほどなかった事実を見ても、明らかだろう。

戦国時代は封建制下ではありつつも、下克上が頻発し、政治秩序は大きく乱れていた。

関東周辺の戦国大名でも、武田信玄は父信虎を追放して家督を奪ったし、今川義元は異母兄弟との内乱を制して家督についた。上杉氏でも謙信亡き後、２人の養子が家督争いを繰り広げた。これに対し、北条氏は本家のみならず、分家として勢力を誇っていた玉縄北条氏や久野北条氏とも代々良好な協力関係を築き、北条領国の拡大と発展に連携している。

さらに特筆すべきは、兄弟間の連携・協力・役割分担に優れていたことだ。特に四代当主氏政と弟の氏照、氏邦、氏規《うじのり》の連携体制は北条領国の最盛期をつくり上げるのに、大きく貢献した。当主氏政の指揮の下、支城での領域統治、領国の防衛や拡大のための軍事と外交において見事に連携協力し、その責任を果たして大きな成果を上げている。この代々における兄弟間のチームプレーこそ、北条氏の発展の源であったといっても過言ではない。

それに加えて、北条御一家衆を支える家臣団の高い忠誠心もある。当主を支える小田原衆、御馬廻衆はもちろんのこと、各支城の城主・城代の下に家臣団が組織され、領域の行政と軍事を担っていた。その組織力と団結力、そして各家臣団の協力体制の確立こそが、戦国大名北条氏の大きな特色なのである。思うに、ここまでの強固な家臣団組織をつくり上げた戦国大名は他にいないのではあるまいか。

このように、北条氏の領国統治発展の大きな要因のひとつは、代々の親子・兄弟・家臣団のなかに諍いがなく、当主の統率力と家臣の団結力がうまく両立し、融合していたところにある。こうした優れた組織をつくり上げることができた原点は、二代氏綱の遺した「五箇条の御書置」（第2章参照）にあると思う。その秀逸な遺訓を家訓として忠実に継承し、代々にわたり貫いたところに北条氏の優秀性があると考えられる。

撫民思想に基づく画期的民政改革

さらに、北条氏における際立った特色として、民政重視の姿勢をあげないわけにはいかない。

一般に、戦国大名は寝ても覚めても合戦ばかりやっていたという印象が強いが、合戦に勝利するにはまず領国の支配が盤石であることが必要であり、それには領民の生活の向上に意を用いなければならない。封建時代とはいえ、領民の支持を失えば領国経営は成り立たず、結果として軍事面と経済面の両方で弱体化が避けられないのだ。

その点で北条氏は、内政の運営、民政の充実に最も力を入れて成果をあげた戦国大名ということができる。

まず、他の戦国大名に先駆けて領内の検地を徹底して行い、「所領役」という家臣らの諸役賦課の状態を調査・集成して「小田原衆所領役張」を作成。ここには小田原衆、玉縄衆、江戸衆など各衆別の計560名の家臣個々の所領の場所（領地）とその貫高（所領高）が記され、それぞれ負担すべき軍役（武器と徴兵数）が記載されている。これにより家臣や領民の負担が明確になり、その統制がより円滑に、そして公平公正に行われていた。

同様に税制の改革にも取り組み、以前からあった諸点役《しょてんやく》と呼ばれる不明瞭で種々雑多な税を廃止。田地にかかる貫高6％の段銭《たんせん》と、畑地にかかる貫高4％の懸銭《かけせん》を納めさせることで、不定期の徴収から領民を解放し、不安と負担を軽減させた。これによって、国衆などの中間搾取もなくなり、税が直接北条氏の蔵に収められて税収も増大。さらに、凶作や飢饉の年には減税、あるいは年貢を免除するなどの改革推進によって、四公六民を基本とする税制を実現し、在郷領民から高い支持を得ている。こうした民を慮《おもんばか》る税制を続けたことで、北条領国内ではほとんど百姓一揆が起らなかった。

ほかにも、農民であれ商人であれ、すべての領民が不法や不平を訴えることができるよう目安箱を設置して、小田原の評定衆が裁定を下すという公平性の高い司法制度も確立し、民のための政治を実現。一方で先進的な都市開発と経済振興に力を入れ、小田原の城下町の発展のために全国から職人や文化人を呼び寄せ、大規模な街路や上水道を持つ東国最大の先進都市を築き上げている。領国内の各支城や大きな社寺の門前には、規制の少ない自由な商取引を振興する楽市を開いて市場経済の発展まで図った。

このために北条氏は、一族や家臣団を中心とした当時としては類を見ない機能的な官僚機構をつくり上げた。そして、その優れた官僚機構の活用により、検地を実施し、税制改革を断行し、司法制度を整え、先進的な街づくりや地域経済の振興にも力を注いで、領民のウェルフェア向上を目指したのである。

現代から見ても実に先駆的な、この北条氏の改革理念の根底には、独自の〝撫民《ぶみん》思想〟があったことは間違いない。「万民哀憐《あいれん》、百姓可尽礼」（万民を哀憐し、農民に礼を尽くすべし）という言葉にあるように、そこには領民を大切にし、領民とともに領国をつくるという精神が貫かれている。

その意味で北条氏こそは、戦国の世にあって最も民主的な政治を実践した戦国大名であるといって過言ではない。

戦争の抑止へ、同盟重視の軍事外交戦略

北条氏の特異性の最後に、軍事・外交戦略についても考えてみよう。

各地に戦国大名が群雄割拠する時代、四方八方に敵をつくっているようでは、その国はたちまち滅んでしまう。これに対し、たとえ形式的なものであっても、上手な同盟関係を結ぶことができれば、一時期なりとも安全を確保することができる。

北条氏は、この同盟関係を重視し、それをおおいに活用して軍事・外交戦略を構築し、領国の防衛や拡大を図った戦国大名だといえる。

同盟関係を築く場合には、大きく分けてふたつの戦略がある。ひとつは、自国と隣国との良好な関係を築き、お互いの領土は侵さず、危うい時は助け合うといった「近国同盟」の戦略。もうひとつは、遠隔地にある国と同盟を結び、お互いが接する隣国を封じ込める「遠交近攻同盟」の戦略である。

北条氏は、初代早雲と二代氏綱の時代には、西の今川氏と同盟関係にあり、東の山内上杉氏、扇谷《おうぎがやつ》上杉氏と戦い、相模・武蔵に進出していった。

三代氏康の時代には、相模の北条氏、甲斐の武田氏、駿河の今川氏による三国軍事同盟を締結する。この三国による近隣同盟は、それぞれ領国拡大を図るために背後の安全を確保したいという利害が一致し、15年にもわたり機能した。北条氏康、武田信玄、今川義元という強いリーダー同士による力のバランスが良かったことと、それぞれの嫡男に娘を輿《こし》入《い》れさせる婚姻関係を成立させたことも成功の要因であろう。

さらに、続く四代氏政の時代には、甲相駿《こうそうすん》三国同盟が武田氏の駿河侵攻によって瓦解した後も、越後上杉氏との越相《えつそう》同盟、その後は再び甲斐武田氏との甲相同盟を結ぶなど、近隣強国との同盟によって、領国を防衛しながら拡張するという軍事外交戦略を図っていく。その後、勝頼の代になって武田氏が暴走し始めると、尾張の織田信長と同盟しこれと対抗。また、関東で常陸《ひたち》の佐竹氏を挟撃するために、奥羽の伊達氏と関係を深めているが、これらは遠交近攻同盟といえよう。

そして五代氏直の時代には、いよいよ徳川家康との同盟に踏み込む。信長亡き後、天下統一に向けて競い合っていた秀吉と家康、どちらの側に付けば安全が保障されるのか。ここで北条氏は、織田氏と同盟関係にあった徳川氏との同盟関係を選ぶ。一時は、徳川・北条・伊達連合で豊臣勢力との一大決戦に挑む策略もあったようだ。

しかし、そこで肝心の家康は北条氏の期待を裏切り、秀吉への帰順を選んでしまう。これが結果として北条氏の孤立を深め、豊臣政権との全面対決に繋がっていくのである。

このように北条氏は、領国の外交・安全保障政策として、代々にわたり同盟構築戦略を重視し実行していった。ここまで数多くの同盟関係を結び、戦国時代１００年を生き抜いた大名は他にいないだろう。

同盟を重要視するということは、当然ながら、抑止力を強化して戦争をできる限り避けようということに繋がる。強力な軍隊をつくり、無闇に侵略を繰り返せば、兵士や領民の犠牲や負担は増大せざるを得ない。北条氏にとっての同盟重視戦略とは、単に軍事外交戦略上の方策だけではなく、民を大切に、戦争による混乱や犠牲を避けるための安全保障の方策であったのではないだろうか。

それはまた、先にあげた分権重視、撫民思想に強く裏打ちされたものだったことは、いうまでもないだろう。

想定外だった秀吉の圧倒的軍事力

こうして、五代100年続いた関東の雄北条氏は、いよいよ小田原合戦へと追い込まれ、豊臣軍に圧倒されて、残念ながら滅亡の途へと進んでいく。関東戦国時代をほぼ制圧し、強大な領国をようやく築き上げた北条氏であったが、最後に大逆転をくらい挫折し、滅亡の運命をたどることになったのは前の章で見た通りだ。

この小田原合戦の終結によって、勝った豊臣秀吉は天下統一を成し遂げ、戦国時代は幕を閉じたのだった。その意味で、この合戦は時代の大きな節目となる極めて重要な出来事であったといえるだろう。

では、なぜ、北条氏は小田原合戦に追い込まれ、敗れ去ったのだろうか。これには、外交・軍事、組織体勢などの戦略面、戦術面においてさまざまな敗因が考えられる。

まず、北条氏には自分たちが関東の雄であるという強い自負があり、そのことが秀吉の実力を見誤らせる結果を招いたのではないか。北条氏は五代にわたり関東の領国を拡大して一大勢力を築き、上杉謙信や武田信玄の侵攻さえはねのけてきた。一方の秀吉は一代の成り上がりで、西国を統一していたとはいえ、その軍勢は西国大名の混成連合軍で結束力は強いといえず、決して戦えない相手ではない。氏政や氏照らの主戦派は、こうした認識で秀吉の力を甘く見ていたのではないだろうか。

ところが、いざ宣戦が布告されると、豊臣軍はなんと総勢24万を数える戦国史上最大の軍勢を率いて小田原目掛けて進軍してきた。それも、東海道からは秀吉率いる主力部隊、関東北部からは前田、上杉勢の北方軍、伊豆方面からは水軍と、三方向から大軍が怒涛のごとく進撃してきたのである。

迎え撃つ北条軍も、小田原本城と各支城の守備を固めてはいたが、総勢5万余り。豊臣方による想定外の圧倒的な軍事力は、北条方を驚愕させ、小田原合戦は戦う前に勝負がついてしまったといえる。北条氏は、豊臣軍の勢力・組織力が、まさかここまで強大なものとは予想していなかったのだ。

当時の秀吉は、信長の後継者の座を実力で勝ち取り、短期間で北陸、四国、中国、九州を次々と平定していた。西国を統一し天下人となっていた秀吉の政治力・軍事力を正確に把握し、認識していなかったところに北条氏の大きな敗因があることは間違いない。と同時に、合戦を招くに至った度重なる対秀吉外交の失策も、この認識不足によるところが大きいように思われる。

その一例が同盟工作の失敗で、家康が秀吉の軍門に下る前、北条側は徳川・伊達との三国同盟を画策するが、徳川氏にも伊達氏にもすでに豊臣方から調略が進んでおり、結果として裏切られ孤立することになってしまう。

その後も同盟者であった家康が、秀吉との間を仲介して氏政か氏直を上洛させようとしたが、北条方はこれに応じなかった。

さらに、上野《こうずけ》の沼田領の領有にこだわり、名胡桃《なぐるみ》城事件が勃発。秀吉はこれを口実に小田原攻めを決行するわけで、おそらく北条氏は開戦の口実を探していた秀吉の罠に、まんまとはまってしまったのではないだろうか。

このように北条氏は、秀吉の政治力、軍事力、戦略を見誤っていたために、外交面でも常に後手に回ってしまった。同盟者であった家康のアドバイスに従い、これと協力しながら一時的にでも秀吉の下に入っていれば、せめて小田原合戦は避けられたであろう。ただ、徳川・北条連合を最も恐れていたのは秀吉であり、そこに楔《くさび》を打ち込むのが豊臣方の外交戦術であったのは当然のことで、外交戦での敗北でもあった。

そう考えるとき、後述のように小田原合戦回避へのハードルは、やはり相当に高かったと判断せざるを得ない。

主戦派と穏健派の分裂という痛恨

小田原合戦での、北条氏敗北のもうひとつの要因は、北条一族内での対立である。

先述した通り、北条氏は代々にわたり一族と家臣の結束力が強いというのが良き伝統であった。だからこそ五代１００年もの間、群雄が割拠する弱肉強食の戦国の世を生き抜き、領国を統治できたのである。

しかしながら、なんと北条氏にとって存亡の危機となった小田原合戦において、過去にはあり得なかった内部対立が起こってしまう。対秀吉外交において強行論を主張する氏政・氏照・氏邦を中心とする主戦派と、上洛による秀吉との接近を唱える氏直・氏規の穏健派の2派が対立し内部分裂に陥り、団結ができなかったのである。

隠居したとはいえ、四代当主として北条氏の全盛期を築いてきた氏政にとっては、秀吉ごとき成り上がりに頭を下げたくないというプライドがあったのだろう。また、氏照は数々の武功をあげてきた武闘派であり、総奉行として豊臣軍との戦闘準備を進めていた。2人は北条氏のなかでも厳然たる力を持っていただけに、若い氏直としてはおおいに困惑したに違いない。

当主であるその氏直はといえば、徳川家康の娘督姫を妻に持ち、家康とも連携して外交交渉による和睦を考えていた。氏規もまた、秀吉との外交を担当する使者として、上洛し直接の交渉を行っている。2人はどうにかして、豊臣方との合戦を回避できないかを模索していたのである。

和戦両様の構え、といえば聞こえはいいが、一族の内部で戦うべきだという主戦派と、交渉による戦闘回避を目指すべきだという和平派に大きく分かれ、対立が生まれてしまったのだ。このため、当主、一族、家臣団が集まって何度軍議を開いても意見が対立し、議論が噴出して方針が定まらず結論が出ないまま。この状況が、いわゆる「小田原評定」という言葉となり、北条氏に対するネガティブなイメージとともに後世に伝わったことは、返す返す残念でならない。

戦うのであれば、準備万端、戦術も周到に一致結束して戦うことで、勝利は不可能でも、より有利な和睦の途が開けたであろう。他方戦争を回避したいのであれば、外交交渉で妥協し従属して生き延びる途もあったであろう。にもかかわらず、北条氏は最も重大な場面で、どちらの途を選ぶかの明確な決断ができなかったのである。

氏政が頑固すぎたのか、それとも氏直にリーダーシップがなかったのか。あるいは、何事も民主的・分権的に合議評定を重んじてきた先進的ともいえる家風が、皮肉にも土壇場で「決められない」というマイナス面を露呈してしまったのか。いずれにせよ、これまで一枚岩を誇った北条氏にとって、一族の命運がかかる危急存亡の秋《とき》に内部対立で方針が決められず、結束が乱れてしまったのは最悪の痛恨事であった。

この最重要局面での決断と団結の欠如が、小田原合戦の大きな敗因のひとつであることは間違いない。

成功体験が仇に？　軍事作戦における失策

小田原合戦では、北条氏の取った軍事作戦の面でも失策があった。

ひとつは、北条氏が得意とする籠城戦にこだわりすぎたことだ。かつて上杉謙信軍の10万の大軍に包囲されたときも、3万の武田信玄の軍に包囲されたときも、堅固な小田原城と主な支城は籠城戦に耐え抜いた。この、自分たちは籠城戦に強いという過信が、小田原合戦において小田原城籠城への盲信へとつながり、戦術の選択肢をせばめてしまった点は否めない。

大軍と戦うには、時には外に打って出て野戦に持ち込み、奇襲や夜襲を仕掛けたりして、相手を混乱させる作戦もあったのではないか。現に北条氏邦は野戦案を提案したが、ここでも意見が対立し却下されてしまう。そこには当然、右のような過去の籠城戦での戦果に加え、直前に行われた相府《そうふ》大普請での「惣構《そうがまえ》」や「障子堀《しょうじぼり》」など軍事防衛施設強化に対する自信もあったに違いない。人はしばしば、自らの得手《えて》に溺れて失敗をするものだが、それは戦における軍勢も同様——今川義元は数万という自軍の数を過信して奇襲に遭い、不敗を誇った武田の騎馬軍団も織田の鉄砲隊の前に脆《もろ》くも撃破された。その点で、籠城戦を過信した北条氏もまた同じ過ちを犯した、といってしまっては酷だろうか。

北条氏の作戦上におけるもうひとつの失敗は、小田原本城も各支城も籠城戦に徹するなかで、大多数の兵力を小田原に集中させ、支城はごく少数の留守部隊が残るのみだったという点だ。その結果、まず各支城が豊臣の大軍に攻撃され、落城や開城で多くの犠牲者を出して壊滅。小田原城は文字通り孤立無援のまま、10万を超える大軍に厳重に包囲封鎖されてしまい、勝算のない籠城の挙句、戦わずして降伏せざるを得なかった。本城と支城が兵を送り合い、連携して戦うという作戦が、豊臣軍の想定外の大軍によってまったく機能しなかったことも、大きな誤算となったに違いない。

そもそも籠城というのは、攻め手の背後などに城側の味方になり得る勢力がいるときにこそ大きな効果を発揮する作戦であり、時を稼いで戦況の変化や攻城側の不安を待つ点に最大の狙いがある。事実、過去の小田原攻城の際も、謙信にしろ、信玄にしろ、背後の情勢を意識せざるを得ず、ある段階で兵を退くほかなかった。それがこの合戦では、小田原城は途方もない軍勢に囲まれたうえ、日本のどこを見渡してももはや味方になる勢力はなく、いわば大海に浮かぶ小舟のような状態。これではいかに時を稼ごうとも北条氏に勝機はあり得ず、犠牲者はほとんど出さぬまま、戦わずして敗れ去ったのである。

そしてあとひとつ、小田原合戦の直接的な敗因ではないものの、指摘しておきたいのが中長期的な軍事戦略上の失策である。

思うに、北条氏が関東平野全体を領国化し、東国の分国をつくりたかったのであれば、どこかの段階で本拠地を南の端の小田原城から、より中央部で水運も利用できる江戸城に移すべきだったのではなかろうか。

初代早雲と二代氏綱の時代から小田原を拠点として城を築き、拡張し、これを日本一堅牢な名城につくり上げた北条氏にとって、小田原城とその城下町はどこよりも愛着ある場所であったに違いない。しかしながら、広大な関東全体を視野に軍事戦略を考えるとき、その場所が不利に働いてしまった点は少なくないように思える。それも、戦線が相模から武蔵あたりまでに留まっているうちは、地の利はおおいにあったものの、北関東から房総半島や常総まで拡大していくと、そうではなくなったのは明らかだ。

現に、関東北部や東部にあたる上野、下野《しもつけ》、常陸、房総の小大名や国衆の統治は、小田原から遠隔地であるがゆえに非常に難しく、のちのち北条氏にとって大きな足かせになってしまう。この地域での長年にわたる戦闘の継続は、北条氏が五代にわたり関東を統一するうえで難航を極めた大きな要因であった。

一方でこれを、どこかの時点で江戸城を本城にしていたとしたら、どうだったであろう。江戸湾の最奥地で、利根川、荒川にも連なる水運のハブであり、関東平野のより中央寄りの位置だけに、上野、下野、房総にも近く、軍事戦略上においても領国統治のうえでも有利に働いたに違いない。そのうえで、小田原城は東海道を守る西の玄関口として、最強力の支城として機能させることもできたのではあるまいか。

事実、北条氏滅亡後に関東に入府した徳川家康は、関東全域における江戸城の地政学上の優位性を即座に見極め、これを本拠地としている。

成功体験というのは得てして捨てられないものであり、それはたとえば「失われた20年（30年？）」といわれてもなお、社会の各方面で旧来のやり方から完全に脱し得ない現在の日本も同様である。だが、もしも北条氏が統治戦略のバージョンアップを行い、居城を江戸城に移していたならば、豊臣軍との雌雄を決する一大決戦は違った結果になっていたかもしれない。北条氏の関東領国化と軍事戦略の中長期的な失策が、小田原合戦敗北の遠因となったことは、ここで記しておくべきだと思う。

驚くべき深謀、秀吉の巧妙な策略

最後に、この小田原合戦は、勝利者となった豊臣氏にとっても大きな意義のある戦いであった。

この当時の秀吉は、織田信長が本能寺の変で明智光秀に討たれた後、その後継者争いで優位に立ち、ライバルの柴田勝家を撃破。続けて北陸の上杉景勝、中国の毛利輝元、四国の長宗我部元親《ちょうそかべもとちか》、そして九州の島津義久までを配下に収め、天下統一に向けて残るは東国、つまり関東と東北のみというところまで進んでいた。

天下統一という目標に達するための最大の障害は、今や関東に280万石の広大な領国を持ち、最後まで豊臣政権への従属を表明しない北条氏である。その北条氏の同盟者であり、豊臣政権に服従したとはいえ信頼のおけない実力者・徳川家康の存在も気になるところであった。つまり、秀吉にとっての小田原征伐とは、このふたつの障害を一挙に取り除く最高の策略だったのである。

それまでの北陸、中国、四国、九州での遠征と合戦では、秀吉の家臣団と味方した大名の武功に対して、報償として与える領地が不足していた。毛利氏、長宗我部氏、島津氏は最後まで戦わず、本拠を攻撃される前に降伏しているので本領安堵をされており、領国を奪っての割譲ができていない。秀吉としては、戦功に報いる新たな領地を欲していたという点もあり、280万石という広大な北条領は絶好の草刈り場でもあった。

もうひとつは家康対策である。秀吉は小牧・長久手《ながくて》の戦いで痛い目にあわされ、旧武田氏の家臣をも取り込んで実力とカリスマを備える家康をおおいに警戒していた。もし、同盟関係にある徳川氏と北条氏が連合して攻めてきたら、大変な事態に陥るという危機感もあった。だからこそ、家康をあの手この手で懐柔して出仕させたのである。

その家康を関東取次に任命し、北条氏も服従するよう説得させ、できなければ小田原征伐の先陣を切らせる。この秀吉の巧妙な手口に、さすがの家康も従わざるを得なかった。そして、北条氏を滅ぼした秀吉は、その関東の領国へ家康を転封《てんぽう》。家康の東海の領国を豊臣の家臣に分け与え、家康の見張番とさせる。天下統一の途上に残った東国の強敵である北条氏を排除するとともに、配下への恩賞の当てもつけ、ライバルの家康を中央から遠く離れた関東に封じ込めることにも成功した。実に見事な策略というほかはない。

この展開は偶然が重なったのものではなく、秀吉は当初から北条氏討伐、徳川氏転封というトータルなシナリオをもって、戦略的に事を運んでいたのである。さらにいえば、全国の外様《とざま》大名に対して「豊臣政権に逆らえば、最後はこうなるぞ」と知らしめるためにも、北条氏を完膚なきまでに滅ぼしたうえで天下統一を成し遂げる必要があった。

つまりは秀吉にとって、そもそも北条氏との和睦と領国安堵の選択はあり得なかったと考えざるを得ない。北条氏は、豊臣政権による天下統一を正当化し、その基盤を安定化させ、権威を誇示するための格好のターゲットにされてしまったのだ。氏直には本当に気の毒だが、そもそも小田原合戦を回避するのは難しかったのである。

生き続ける北条氏100年の夢

戦国時代は、領国を拡大するために策略を駆使し、軍事力に優る者が生き残る。それが「時代の掟」であった。

そうしたなかで頂点を目指した織田信長は「天下布武」という印判を使い、力による旧体制の変革に挑み、弱体化していた室町幕府や諸国の守護大名、そして宗教勢力を情け容赦なく攻撃していった。その過程ではむろん、多くの罪なき民も殺されている。すでに自国内における本格的な兵農分離を果たしていた信長にとっては、領民や百姓などせいぜいが労働力の供給元か虐殺の対象でしかなかったのだろう。

その同じ時代、関東で独自の方法により領国を拡大し、これを統治し続ける大名がいた。信長の「天下布武」（武によって天下を統べる）とはまったく逆の「祿壽應穏」（財産〈祿〉と命〈壽〉が應《まさ》に穏やかでありますように）という印判を用い、年貢の四公六民を掲げて領民との対話を重視。彼らの命と財産を守っていくことを統治理念とすることで大国にのし上がった北条氏である。

北条五代には、共通の夢があった。「関東に争いのない、そして、領民とともに繁栄する理想の領国をつくる」という大きな夢である。その夢を追って代々着実に領国を拡大し経営をしてきたが、時代の変化と周辺の情勢がそれを許さなかった。

上杉謙信、武田信玄、織田信長、徳川家康といった有力な戦国大名が周辺に現れ、彼らとの外交交渉や軍事衝突に明け暮れる事態に陥ってしまう。戦国時代における天下統一をめぐっての中央政治に、否応なく巻き込まれてしまったのだ。特に氏政・氏直の時代になると、領国を防衛して、拡大するために合戦に次ぐ合戦を繰り返し、北条一族も家臣も兵士も、そして領民も疲弊していく。

理想の領国をつくるという夢よりも、いつしか領国を敵から守る、敵を倒して領国を奪うという現実を優先せざるを得ない状況に追い込まれる。創業の志と大きくかけ離れた事態だったが、そうしなければ生き延びることはできなかった。挙句の果て、豊臣秀吉の天下統一という大義の前に、その夢を打ち砕かれてしまう。北条の夢がどこかで野望に変わってしまったのか。それとも豊臣の野望に北条の夢が屈してしまったのか。いずれにしろ、夢は小田原合戦において幻となって消えていった。北条氏は挫折したのである。

しかしながら、北条氏が去った関東に家康が入府したのち、徳川氏は北条氏の支城制や伝馬制度を受継いだ領民統治を図り、関東の地では撫民的な政治が継承されていく。北条氏の領国統治の大いなる遺産は、その後の関東の発展へと繋がっていった。

さらに江戸時代後期に至っては、小田原藩を中心として二宮尊徳の「報徳仕法」と「報徳思想」による農村改革と行財政改革が普及し、関東・東海・東北の農村や各藩において、領民の自立と農村の生産性向上、そして武家や藩の行財政改革が図られた。これもまた、遠く北条五代の夢の遺伝子が、この地に息づいてきた証拠という気がしてならない。

五代100年にわたって築き上げた北条氏の民を大切にする政治理念は、戦国時代が終わった後も確実に引き継がれていったのである。

戦国の世を「万民を哀憐し、農民に礼を尽くす」という撫民思想の下、領民重視を貫いて領国を治めた北条氏。その〝奇跡〟は今、あらためて高く評価されるべきであろう。

あとがき

自国の歴史を学ばずに、真の国民にはなれない。過去を学び、今を考え、未来に伝える。この繋がりがなければ社会は発展しない。つまり、歴史とは過去と現在と未来との間の尽きることのない対話である。私はこのような信念のもとに、政治家として歴史教育の改革に力を注いできた。神奈川県知事時代には、全国で初めて県立高校での日本史必修化を実現した。その後、参議院議員として、学習指導要領に「歴史総合」（近現代史）の教科化を文部科学省に強く要請し続け、ついに２０２２年から全国の高校生が必修として学ぶことになった。

さらに私は、言い出しっぺの責任として、神奈川や横浜の素晴らしい歴史を広く国民の皆さまに紹介しようと執筆活動を継続してきた。これまでに『破天荒力』（２００７年／講談社）、『生麦事件の暗号』（２０１２年／講談社）、『教養として知っておきたい二宮尊徳』（ＰＨＰ研究所）、『始動！ 江戸城天守閣再建計画』（２０１６年／ワニ・プラス）、『横浜を拓いた男たち 破天荒力』（２０１９年／有隣堂）などを上梓し、講演活動も積極的に展開している。

そしてこのたび、以前から心に温めていた題材に挑戦してみた。初めての戦国もの。関東の戦国大名北条五代の歴史物語である。コロナ禍にも負けず、小田原城や各支城、古戦場などを訪ね歩き、現場を観察し情報を収集した。多くの文献や資料を集め、読みあさり執筆してみた。それらは実に貴重な体験だった。北条五代の卓越した領国統治能力、指導力、そして彼らの生き様は、驚きと感動の連続だった。そうした私の思いが読者の皆さまに伝わればと願っている。

もとより私は、歴史学者でも研究者でもない。したがって、本書の内容も誤認や間違いも多いと思う。しかし、北条五代から何を学ぶべきか、という認識のもとに政治家としての観点でまとめたので、専門家の皆さまの寛容なご理解をいただきたい。

最後に、本書を出版するにあたり、お世話になった方々に御礼申し上げたい。

まず、親しみやすい本にするために、マンガ家の宮下あきら先生が北条五代のキャラクターを描いて下さった。あの名作『魁!!男塾』を思い出させる迫力の熱筆に御礼を申し上げる。

エディター・ライターの入澤誠さんとワニ・プラスの小幡恵編集長、そして松沢事務所のスタッフの皆さんが資料収集や編集のお手伝いをしてくださった。皆さんに心より感謝いたします。

本書が読者の皆さまに、歴史の面白さ、歴史を学ぶ楽しさを伝えることができれば、私にとってこの上ない喜びである。

令和2年（2020）12月吉日

松沢成文

参考文献

『相模三浦一族とその周辺史―その発祥から江戸期まで』
鈴木かほる／新人物往来社
『戦国大名北条氏の歴史　小田原開府五百年のあゆみ』
小田原城総合管理事務所／吉川弘文館
『戦国北条氏五代』（中世武士選書）黒田基樹／戎光祥出版
『小田原合戦―豊臣秀吉の天下統一』（角川選書）
下山治久／角川書店
『戦国北条家一族事典』黒田基樹／戎光祥出版
『戦国時代の終焉「北条の夢」と秀吉の天下統一』
齋藤慎一／吉川弘文館
『北条氏五代と小田原城』山口博／吉川弘文館
『戦国大名北条氏―合戦・外交・領国支配の実像』
下山 治久／有隣堂
『図説 戦国北条氏と合戦』黒田 基樹／戎光祥出版
『戦国北条氏五代の盛衰』下山 治久／東京堂出版
『北条氏年表（宗瑞　氏綱　氏康　氏政・氏直）』
黒田 基樹／高志書院
『後北条氏研究』小和田 哲男／吉川弘文館
『小田原北条記　原本現代訳（上・下）』
江西逸志子／教育社
『海賊　室町・戦国時代の東京湾と横浜』横浜市歴史博物館
『戦国北条記』伊東潤／ＰＨＰ研究所
『北条氏康　関東に王道楽土を築いた男』
伊東潤・板嶋恒明／ＰＨＰ研究所
『戦国武将の解剖図鑑』
監修・本郷和人／エクスナレッジ
『戦国大名・伊勢宗瑞』黒田基樹／ＫＡＤＯＫＡＷＡ
『北条氏綱』黒田基樹／ミネルヴァ書房
『北条氏政』黒田基樹／ミネルヴァ書房
『最後の戦国合戦「小田原の陣」』中田正光／洋泉社
『北条氏康　二世継承編』富樫倫太郎／中央公論新社
『黎明に起つ』伊東潤／講談社
『北条氏康―信玄・謙信と覇を競った関東の雄』
菊池道人／ＰＨＰ研究所
『北条氏康（中世関東武士の研究23）』黒田基樹／戎光祥出版
『北条氏照』伊東潤／ＰＨＰ研究所
『八王子城主・北条氏照』下山治久／たましん地域文化財団
『関東戦国史 北条vs上杉55年戦争の真実』
黒田基樹／ＫＡＤＯＫＡＷＡ

北条五代、奇跡の100年
民と歩んだ戦国の夢

著者 松沢成文

2021年3月5日 初版発行

松沢成文（まつざわ・しげふみ）
昭和33年（1958）4月2日、神奈川県川崎市生まれ。慶應義塾大学法学部政治学科卒業。松下政経塾3期。87年、神奈川県議会議員に県政史上最年少で当選。93年、衆議院議員に初当選。3期務めた後2003年、神奈川県知事に。2013年、国政復帰。現在参議院議員。著書に『教養として知っておきたい二宮尊徳』（PHP研究所）、『JT、財務省、たばこ利権―日本最後の巨大利権の闇―』『始動！江戸城天守閣再建計画』（ワニブックスPLUS新書）、『首相公選で日本の政治は甦る』（マガジンランド）、『横浜を拓いた男たち 破天荒力』（有隣堂）ほか。血液型A型、家族は妻、娘夫婦と二人の孫と柴犬。

発行者 佐藤俊彦
発行所 株式会社ワニ・プラス
〒150-8482
東京都渋谷区恵比寿4-4-9 えびす大黒ビル7F
電話 03-5449-2171（編集）
発売元 株式会社ワニブックス
〒150-8482
東京都渋谷区恵比寿4-4-9 えびす大黒ビル
電話 03-5449-2711（代表）

装丁 橘田浩志（アティック）
柏原宗績
イラスト 宮下あきら
編集協力 入澤 誠
DTP／図版作成 株式会社ビュロー平林
印刷・製本所 大日本印刷株式会社

ISBN 978-4-8470-6177-6
ワニブックスHP https://www.wani.co.jp